Reiki-Techniken für Tiere

Zwölf Behandlungstechniken von Mikao Usui

Mit Beschreibungen für die sofortige Anwendung
und vielfältigen Fallbeispielen

Iljana Planke

Rechtliche Hinweise

Eine Weiterverwendung, ein Kopieren oder Vervielfältigung des Textes, von Textauszügen sowie Bildern ist nach dem deutschen Urheberrechtsgesetz UrhG nicht gestattet. Die Urheberrechte für diesen Text liegen bei der Autorin.

Die Reikimethode als Energiemethode ersetzt keine tierärztliche oder ärztliche Diagnose und Therapie. Eine Erfolgsgarantie oder das Erreichen bestimmter Ziele ist für die Anwendung der Reikimethode ausgeschlossen. Die rechtlichen Einschätzungen in diesem Buch stellen keine Rechtsberatungen dar. Es wird keinerlei Haftung für die Richtigkeit von Aussagen übernommen.

Die Autorin kann nicht für Tier-, Personen-, Sach- oder Vermögensschäden haftbar gemacht werden, die aus der Anwendung der beschriebenen Methoden eventuell entstehen könnten.

Bitte bedenke bei deinen Tierbegegnungen immer, dass Tiere ein überraschendes und damit ein für dich oder andere eventuell gefährdendes Verhalten zeigen können. Als Leserin oder Leser dieses Buches verbleibt die Verantwortung für deine Handlungen und die Anwendung der vorgestellten Methode bei Tier oder Mensch jederzeit bei dir.

Bibliografische Information der Deutschen Nationalbibliothek:
Die Deutsche Nationalbibliothek verzeichnet diese Publikation in der Deutschen Nationalbibliografie. Die bibliografischen Daten sind über www.dnb.de abrufbar.

Verlag: BoD · Books on Demand GmbH, Überseering 33, 22297 Hamburg, bod@bod.de
Druck: Libri Plureos GmbH, Friedensallee 273, 22763 Hamburg

ISBN: 978-3-7693-2318-4

Möge es viele Reikihände geben,

**die der wunderbaren Tierwelt etwas zurückgeben für das,
was sie uns schenkt.**

Inhaltsverzeichnis

Einführung

In diesem Buch stelle ich dir zwölf effektive Reikitechniken aus der Praxis vor, die sehr gut für die Behandlung von Haus- und Wildtieren geeignet sind. Gerade bei der Behandlung von Tieren ist es hilfreich, mehrere Techniken zu kennen.

Reiki kann bei Vielem helfen. Hier sind einige Beispiele:

1. Anke sandte für einen Hund, der sich die Nase blutig leckte, abends Fernreiki. Am nächsten Tag meinte der Halter, dass sich sein Hund zum ersten Mal seit langem in dieser Nacht nicht geleckt hatte und beide endlich einmal durchschlafen konnten.

2. Der Kater Rimbaud hatte jeden Tag Anfälle mit Muskelzuckungen, wogegen nichts richtig half. Er erhielt im Rahmen von unserem ehrenamtlichen „Fernreikiprojekt für Tiere" zweimal wöchentlich je dreißig Minuten Fernreiki durch mehrere Frauen. Die Anfälle wurden von Mal zu Mal weniger. Nach fünf Monaten, also vierzig Terminen, hatte er nur noch ganz selten Anfälle. Nach weiteren sechs Monaten Fernreiki war er dauerhaft anfallsfrei. Während der festen Fernreiki-Sendezeiten bemerkte seine Halterin Yvonne immer, dass er sich ausgesprochen wohl fühlte.

3. Stefanie berichtete: „Bei einer Familie mit mehreren Hunden hatte die eine Hündin im letzten Jahr ihren langjährigen Hundepartner verloren und war seit dem Tag nur noch ein Häufchen Elend. Seit sie von mir bei sich zuhause die erste Reikibehandlung bekam, blühte sie immer mehr auf."

4. Aus einer Mail von Beatrice nach einem Termin: „Nachdem du bei meinem Kater Deejay bei der Reikibehandlung in der Nähe der Schwanzwurzel energetisch etwas wahrgenommen hattest, tastete ich ihn da hinterher ab. Es fühlte sich an, als wäre in der Wirbelsäulenverlängerung zusätzliches Gewebe zwischen Wirbel und Fell. Ich bin froh über diesen Hinweis und werde das tierärztlich abklären lassen."

5. Gabi, eine Teilnehmerin des Aufbauseminars „Reiki für Tiere", behandelte mit der Emotional-Mental-Harmonisierung rund vierzig Minuten lang den Husky Amarok. Dessen Halter Thomas und Gabi besprachen vorher, welches neue Verhalten Amarok wohl guttun würde und formulierten den Satz: „Amarok bleibt draußen bei anderen Rüden ganz entspannt."

Thomas schickte eine Woche später per Mail ein Feedback: „Amarok ist spürbar sanfter und ruhiger. Sein Anbellen anderer Hunde ist jetzt um rund ein Drittel weniger, was eine ganze Menge ist. Immerhin habe ich bis zu seinem jetzigen Zustand mit Training fast drei Jahre gebraucht. Er scheint jetzt auch unsere Liebe besser annehmen zu können. Die Behandlung hat uns sehr geholfen."

Bei diesen Fallbeispielen wurde mit Techniken gearbeitet, die Mikao Usui, der Begründer der Reikimethode, vor über einhundert Jahren unterrichtete.

Beim 1. und 2. Beispiel wurde mit der „Enkaku", der Fernbehandlungstechnik aus dem 2. Grad behandelt. Beim 2. wurde außerdem noch die „Shuchu"-Technik, bei der mehrere Reikipraktizierende ein Tier oder ein Mensch gemeinsam behandeln, angewandt.

Beim 3. Bericht wurde mit der Direktbehandlungstechnik und beim 4. mit der Byosentechnik gearbeitet, beide Techniken sind aus dem 1. Reikigrad.

Beim 5. Fall wurde die „Seiheki", die Emotional-Mental-Harmonisierungstechnik aus dem 2. Grad, eingesetzt.

Häufig gestellte Fragen zur Anwendung

„In meiner Ausbildung ging es nur um die Behandlung von Menschen. Muss ich nun eine Extraausbildung oder eine Extraeinstimmung machen, um auch Tiere mit Reiki behandeln zu können?"
Nein. Mit einer Ausbildung in den 1. Reikigrad können sowohl Menschen als auch Tiere behandelt werden. Bei der Reikimethode wird da keinerlei Unterschied gemacht. Denn wir sind alles lebendige Organismen.

„Kann ich die Techniken für Menschen auch bei Tieren anwenden?"
Ja. Das machen Tausende Reikipraktizierende so. Sie konnten damit schon vielen Tieren helfen.

„Kann ich die Techniken für Tiere auch bei Menschen anwenden?"
Ja, da sind sie genauso effektiv.

„Weshalb habe ich in meiner Ausbildung in den 1. Grad nicht alle Techniken von Mikao Usui kennengelernt?"
Dazu steht hier im Buch im III. Kapitel „Zur Reikimethode" mehr bei „Die Verbreitung der Methode nach 1926 in der Welt und weshalb sich die Reikitechniken auf dem Weg von Japan in den Westen veränderten".

„Kann ich auch Techniken anwenden, die ich nicht in meiner Ausbildung erlernt habe?"
Ja. Bei Reikifestivals, Treffen, Seminaren, in Büchern und über Videos kann man andere Reikitechniken kennenlernen und sie daraufhin mit Er-folg anwenden. Viele Reikipraktizierende erhalten ihre Ausbildung bei verschiedenen Lehrern und Lehrerinnen. Andere Stile, Techniken und Reikilehrer und Reikilehrerinnen kennenzulernen, kann enorm bereichernd sein.
Die Vielfalt der verschiedenen Reikitechniken und Reikistile erlebt man auch bei Reikifesten. In Deutschland finden jedes Jahr drei große Treffen statt, die für alle offen sind. Vom Reiki-Verband Deutschland wird ein Reiki-Fest organisiert, vom Verein ProReiki der Reiki-Kongress und dann gibt es noch das Reiki-Festival, das seit 1994 in Gersfelde bei Fulda stattfindet. Zusätzlich gibt es noch kleinere Regionaltreffen wie das „Regionaltreffen

Nord" von ProReiki oder „Reiki im Harz" mit rund dreißig Teilnehmenden. Auch in anderen Ländern Europas finden Reikifestivals statt. Bei allen Veranstaltungen gibt es interessante Vorträge und Workshops, es werden neue Techniken vorgestellt und es wird sich gegenseitig behandelt. Diese Feste sind sehr herzliche Treffen mit Gleichgesinnten.

„Muss ich bei Behandlungen etwas über die Anatomie der Tiere wissen?"
Mikao Usui, der Begründer der Reikimethode, sagte in einem Interview: „Meine Heilmethode ist eine spirituelle Methode. Deshalb braucht man kein medizinisches Wissen." Bei der Reikimethode sind detaillierte anatomische Kenntnisse, die über das medizinische Allgemeinwissen hinausgehen, nicht unbedingt nötig. Denn bei Terminen kannst du dir die Körperstellen, bei denen es Probleme gibt, zeigen lassen und dort deine Hände auflegen, oder du sendest Fernreiki, bei dem der ganze Körper insgesamt behandelt wird. Das Schöne an der Reikienergie ist, dass sie gleichzeitig die physische, die mentale und die emotionale Ebene harmonisiert, ohne dass du dafür etwas Spezielles machen musst oder die Ursachen der Probleme kennen musst.

„Meine letzten Reikianwendungen liegen schon länger zurück und ich habe auch noch nie Tiere behandelt. Wie fange ich da am besten an?"
Wenn die Lust, mit Reikigaben Tieren helfen zu wollen, in den Fingern kribbelt, dann sollte man starten. Auch wenn man noch nie Tiere behandelt hat. Auch wenn man sich vielleicht nicht mehr ganz an die früher erlernten Techniken erinnert. Auch wenn bisherige Reikigaben nicht wirklich erfolgreich erschienen. Auch wenn man sich nicht täglich mit Reiki behandelt – das macht der wohl größere Teil aller Reikipraktizierenden ebenfalls nicht. Auch wenn man schon lange nichts mehr mit Reiki gemacht hat. Einmal eingestimmt, behält man sein Leben lang die Fähigkeit, Reiki weiterzugeben. Reiki fließt immer, unabhängig davon, was man bisher gemacht oder nicht gemacht hat oder wie viel Zeit seit der letzten Behandlung vergangen ist.
Frage doch mal herum, wer ein krankes oder verhaltensauffälliges Tier kennt, dann verabredest du dich mit der Halterin oder dem Halter für einen Vor-Ort-Termin oder für eine Fernbehandlung und legst los. Die Tiere werden für deine Zuwendung dankbar sein.

I. Die Reikimethode

1. Die Wirkungsweise der universellen Lebensenergie

Die Lebensenergie, aus der alles ist und in der alles ist, ist die unpolare Energieschwingung des Universums. Sie ist überall und in unendlicher Menge vorhanden. Sie fließt beständig durch jeden Teil des Universums. Die Milchstraßen und jedes Lebewesen sind von ihr durchflossen, jede einzelne Zelle ist mit ihr angefüllt. Die Lebensenergie wird von allen Lebewesen jederzeit ganz natürlich, ohne dass man dafür etwas tun muss, beständig aus der Umgebung aufgenommen und auch an die Umgebung weitergeben. Wir Lebewesen sind Energieformen in einem Meer aus Energie.

Die Lebensenergie wird im Japanischen Reiki genannt. Die Bezeichnung „Reiki" besteht aus den beiden Schriftzeichen „Rei" und „Ki", die mit „universeller" „Lebensenergie" übersetzt werden können. Das Wort „Reiki" wird „Ree-ki" ausgesprochen, also wie „Rehkitz" ohne das „tz" am Ende.

Das Besondere an der Reikimethode ist, dass man infolge einer Einstimmung ab dem ersten Reikigrad die Lebensenergie des Universums *verstärkt* weitergibt. Legt man sich selbst oder anderen dann die Hände für Behandlung auf, agiert man nur als Kanal. Man ist quasi wie eine Kellnerin oder wie ein Kellner, die oder der die großen Portionen von der leckeren Lebensenergie aus der Küche des Universums zu dem Gast bringt und sie vor ihm abstellt und sagt: „Das Büfett ist eröffnet." Der nimmt sich dann davon so viel, wie er möchte. Die universelle Energie ist in unendlicher Fülle vorhanden.

Die Fähigkeit, verstärkt die Lebensenergie weitergeben zu können, behält man durch die Einstimmung in den 1. Grad sein Leben lang, auch wenn man von Anfang an nur sporadisch sich oder andere behandelt oder auch jahrelang pausiert. (1) Einer Selbstständigen, die mir von den Problemen ihrer fünf Wellensittiche berichtete, erzählte ich von der Möglichkeit einer Reikibehandlung. Daraufhin meinte sie, dass sie vor zehn Jahren den 1. Grad gemacht hätte, das aber nicht weiter praktiziert hätte. „Dann behandle sie doch selber", schlug ich ihr vor. Das machte sie und hatte damit Erfolg.

Mikao Usui nannte die Einstimmung „Reiju". „Rei" kann mit „Universelles", „ju" mit „verschenken" oder mit „geben" übersetzt werden. (2)
Im westlichen Kulturraum wird Reiju Einstimmung, Einweihung oder Energieübertragung genannt. Bei einer Einstimmung bewirkt die Reikilehrerin oder der Reikilehrer selbst nichts, denn sie sind dabei ebenfalls nur der Kanal für die universelle Energie, durch die die Einstimmung geschieht. Sowohl bei einer Behandlung als auch bei einer Einstimmung gibt man nur die Reikienergie weiter. Eine Einstimmung ist sehr angenehm, man fühlt sich dabei so, als würde man ein Herzensgeschenk bekommen.
Ab da fließt die universelle Energie verstärkt durch die eigenen Hände, hin zu dem behandelten Tier oder dem Menschen. Dessen Organismus nimmt sich davon je nach Bedarf. Um zu behandeln, braucht man eigentlich nur seine Hände auf den problematischen Körperbereich auflegen. Das ist alles.
Infolge der über die behandelnde Person seit der Einstimmung in den 1. Grad erhöht durchfließende, harmonisierende Reikienergie werden nun die Selbstheilungskräfte bei dem kranken Organismus angeregt. Die Korrektur einer Disharmonie geschieht dadurch auf eine sanfte und trotzdem hoch effektive Weise von ganz allein.
Wir Reikipraktizierende können nur mit dem Anbieten von Behandlungen aktiv werden. Was und wie viel bei einer Behandlung dann aufgenommen wird und was sich dadurch genau positiv verändert, das ist nicht vorhersehbar und liegt nicht in unseren Händen.

Die Reikimethode ist leicht zu erlernen und anzuwenden.
Schon mit der Ausbildung in den 1. Grad, die zwischen zweihundert bis dreihundert Euro kostet und ein bis zwei Tage dauert, kann man ein Leben lang sowohl sich selbst als auch andere Menschen genauso wie Tiere behandeln. Hawayo Takata, die Reikilehrerin, die die Reikimethode von Japan nach Hawaii brachte und von dort ab 1948 im westlichen Raum verbreitete, pflegte zu sagen: „Alles was man braucht, ist der 1. Grad."
Weltweit wenden mehrere Millionen Menschen erfolgreich Reiki an.

2. Die Entstehung und Entwicklung der Reikimethode

Der Beginn der Methode

Der Begründer der Reikimethode ist der Japaner Mikao Usui (1865–1926). Im Frühjahr 1922 zog er sich aus persönlichen Gründen meditierend und fastend auf den rund sechshundert Meter hohen Berg namens Kurama bei Kyoto zurück. (3) Dieser Ort gilt seit Jahrhunderten als heilig. An seinem einundzwanzigsten Fastentag erfuhr er dort „über und in seinem Kopf ein großes und starkes Licht und danach Satori". (4) „Satori" bedeutet im Japanischen „plötzliches Verstehen", „ein vorübergehender Einblick in die höhere Ordnung", „das Bewusstsein dehnt sich aus".

Als er wieder vom Kuramaberg abstieg, stieß er sich seinen Fuß an einer der vielen dort oberirdisch wachsenden Baumwurzeln blutig. Er hielt ihn spontan fest und merkte, dass die Wunde nach einer Weile heilte. Davon überrascht, probierte er danach das Handauflegen mehrfach aus. Mit Erfolg.

Direkt neben dem Familiengrab von Mikao Usui auf dem Friedhof des Tokioter Saihoji-Tempels steht ein fast drei Meter hoher, eng beschriebener Gedenkstein. Den stellten seine Schüler dort 1927, ein Jahr nach seinem Tod, zur Ehrung seiner Leistungen auf. In dieser langen Inschrift steht unter anderem, dass er, nachdem er vom Kuramaberg zurückgekommen war, „zunächst seine Fähigkeiten an sich selbst ausprobierte und anschließend an seinen Familienangehörigen." (5) So behandelte er erfolgreich die kranke Schulter seiner Frau Suzuki Tei. (6) Auf dem Gedenkstein steht weiter: „Da es bei den verschiedensten Leiden gut anschlug", beschloss er, diese Methode „der Öffentlichkeit zugänglich und bekannt zu machen." (7)

Laut der Inschrift „ließ er sich im April 1922 in Harajuka Aoyama in Tokio nieder und gründete die Gakkai, um Reiki Ryoho zu lehren und Behandlungen zu geben." (8) Das war einen Monat nach seinem Erlebnis auf dem Kuramaberg. Mit der Gakkai ist die „Usui Reiki Ryoho Gakkai", die „Gesellschaft für die Reiki-Heilmethode von Usui" gemeint. (9)

Den Begriff „Reiki" gibt es schon seit langem in Japan. „Rei" bedeutet so viel wie „spirituell, universell, himmlisch, wunderbar, mystisch, heilig" und „Ki" „Energie des Universums" oder auch „Atmosphäre". (10)

Das Wort „Reiki" wurde von Therapeuten und Therapeutinnen schon vor 1868, vor dem Beginn der Regierungszeit des Meiji-Kaisers Mutsuhito, und auch nach 1926, nach dem Versterben von Mikao Usui, verwendet. (11)

Auch die Bezeichnung „Reiki Ryoho" wurde schon vor Mikao Usui für Therapien und Heilbehandlungen benutzt. (12) „Reiki Ryoho" heißt übersetzt „Methode zur Heilung mit spiritueller Energie", wobei „Ryo" „Heilung" bedeutet und „Ho" „Methode". So veröffentlichte beispielsweise der Heilbehandler Mataji Kawakami im Jahr 1919 das Buch „Reiki Ryoho und ihre Wirkung". (13) Die Unterscheidung der „Reiki-Ryoho" von Mikao Usui von der „Reiki-Ryoho"-Arbeit anderer wurde durch die Verwendung seines Familiennamens „Usui" deutlich gemacht.

Es gab damals auch die umgangssprachliche Bezeichnung „Teate Ryoho", was „Heilung durch Handauflegen" bedeutet. (14) „Te" heißt „Hand". In Japan gibt es eine lange Tradition des Heilens durch das Handauflegen. (15)

In der Inschrift auf dem Gedenkstein heißt es zu seiner Praxis in Tokio: „Zahllose Menschen kamen von nah und fern. Es kamen so viele, dass ihre Schuhe vor dem Haus standen. Später, als sein Dojo zu eng wurde, ließ er im Februar 1925 ein neues außerhalb der Stadt in Nakano erbauen." Heute gehört Nakano zu Tokio. Ein Dojo ist ein Raum, in dem ausgebildet, trainiert und praktiziert wird, in dem man sozusagen seinen Weg geht. „Do" heißt „Weg" und „Jo" „Ort". Der Begriff Dojo wird auch beim japanischen Aikido und Judo sowie beim Zazen, der japanischen Zen-Meditation, verwendet. „Wegen seinem guten Ruf wurde er in viele Städte eingeladen." (16) So entstanden in ganz Japan sechzig Außenstellen der Usui-Reiki-Gakkai.

Anderthalb Jahre nach seiner Erfahrung auf dem Kuramaberg gab es im September 1923 ein schweres Erbeben in Tokio, infolgedessen plötzlich anderthalb Millionen Menschen ihr Zuhause verloren und es über 180.000 Verletzte gab. Von denen konnte nur ein Bruchteil medizinisch versorgt werden, da die Krankenhäuser ebenfalls zerstört waren. Mikao Usui und die schon von ihm acht ausgebildeten Lehrer sowie weitere Gakkaimitglieder zogen wochenlang durch die Stadt und behandelten Verletzte. (17)

Gizo Tomabechi, der spätere Verkehrsminister in Japan, schrieb in seiner Autobiografie „Kaiku Roku", „Meine Memoiren": „Nach dem Erdbeben im Jahr 1923 war ich oft bei Mikao Usui Sensei und beobachtete ihn bei der Behandlung von Verletzten. Ich sah, dass Reiki Ryoho sehr effektiv die körperlichen und psychologischen Krankheiten heilte. Mit voller Überzeugung lernte ich deshalb Reiki und bekam mein Zeugnis als Shihan." (18) Ein Shihan ist ein Reikilehrer. Mikao Usui erhielt wohl später, wie viele Tausende andere Mithelfende auch, eine amtliche, kaiserliche Ehrenurkunde für seine „Verdienste bei der Bewältigung der Folgen des Erdbebens". (19) Laut Kimiko Koyama, der 6. Präsidentin der Usui-Reiki-Gakkai, gab „die Gakkai mehreren Tausenden Behandlungen. Das Erdbeben veränderte die Gakkai stark. Vor dem Erdbeben war Mikao Usui der Einzige, der andere Menschen einweihte", also in in den 1. bis 4. Grad ausbildete, „nun teilte er sein Wissen." (20)

In den vier Jahren von 1922 bis zu seinem Tod durch einen Herzinfarkt auf einer Seminarreise nach Fukuyama im Jahr 1926 bildete er, laut der Inschrift auf dem Gedenkstein, über zweitausend Reikischüler und Reikischülerinnen in ganz Japan in den Shoden und Okuden, dem 1. und 2. Grad, aus. Von diesen wiederum wurden zwanzig Lehrer. Die unterstützten Mikao Usui bei seinen Seminaren und bildeten auch in eigenen Seminaren in den Zweigstellen aus. Manche dieser zwanzig Reikilehrer und deren Schüler und Schülerinnen blieben nach Mikao Usuis Tod weiter in der Usui-Gakkai, andere verbreiteten unabhängig von der Gakkai die Reikimethode. (21) Die sehr aktive Reikilehrerin und Musikerin Ishie-Imae Mine (ca. 1877 bis ca. 1980), die die Gakkai-Zweigstellen in Kobe und Hyogo leitete und über einhundert Jahre alt wurde, veröffentlichte im Jahr 1967 ihre Autobiografie „Neunzig Jahre meines Lebensweges". (22) In diesem japanischen Buch stehen Informationen und Daten über diese zwanzig Lehrer. Das waren unter anderem Umetaro Mine (1865–1934), der Mann von Ishie-Imae Mine, Juzaburo Ushida (1865–1935), der auf Mikao Usui folgende zweite Präsident der Usui-Gakkai, der spätere dritte Präsident Kanichi Taketomi (1878–1960) und der fünfte Präsident Hoichi Wanami (1883–1975), Kozo Ogawa, Chujiro Hayashi (1880–1940), Gizo Tomabechi (1880–1958), der ab 1947 der Verkehrsminister von Japan war, sowie Shiro Isoda, ein Naturwissenschaftler, der die Zweigstellen in Hiroshima, Suma und Kyoto leitete. (23) Laut Kimiko Koyama (1906–1999) war „seine Ehefrau bekannt für ihre Erfolge mit Reiki." (24)

Zu Mikao Usui

Mikao Usui wurde 1865 nördlich von Kyoto in dem Dorf Taniai geboren. Er wuchs mit drei Geschwistern auf. Seine ältere Schwester Shu lebte später mit ihrer Familie, genauso wie sein jüngerer Bruder Kunishi, im Nachbarort ihres Elterndorfes. (25) Kunishi, auch Kuniji geschrieben, soll das Einzelhandelsgeschäft der Eltern übernommen und hauptsächlich Miso verkauft haben und auch als Polizist im Nachbarort tätig gewesen sein. (26) Er wurde im November 1942, das waren achtzehn Jahre nach Mikaos Tod, in der Mitgliederliste der Usui-Gakkai als Reikilehrer aufgeführt. (27) Um diese Zeit war Kunishi eventuell in Pension gegangen und konnte sich nun verstärkt der Reikimethode zuwenden. Mikao Usuis anderer jüngerer Bruder Sanya wurde Arzt und lebte wie er in Tokio. (28)

Die drei Brüder ließen in ihrem Geburtsort Taniai-Yamagata im April 1923 ein steinernes Tori als Eingangstor zum dortigen shintoistischen Schrein Amataka-Jinja mit ihren eingravierten Namen sowie Mikao Usuis Adresse in Tokio aufstellen. (29) An solchen Schreinen wird traditionell an bestimmten Tagen im Jahr um den Segen der Ahnen und Ahninnen gebetet und es werden kleine Gaben dargebracht. Das Tori ist bis heute dort zu besichtigen, genauso wie ihre Schule und der Friedhof mit den Familiengräbern. Das Elternhaus steht leider nicht mehr.

Mikao Usui war verheiratet mit Suzuki Tei. Ihr Name wurde auch mit Sadoko oder Teiko übersetzt. Ihr nach dem Tod verliehener buddhistischer Name war Te sin on ho Jo Ning Dai shi. (30) Ihre Tochter Toshiko (1913–1935) verstarb mit 22 Jahren, ihr Sohn Fuji (1908–1946) mit 38 Jahren. Suzuki Tei verschied drei Monate nach ihrem Sohn im Oktober 1946 in Tokio. Die Kinder und Enkelkinder von Fuji lebten und leben in Tokio. (31)

Der nach dem Tod verliehene buddhistische Name von Mikao Usui war Reizan-in Shuyo Tenshin-Koji. Jeder Buddhist und jede Buddhistin bekommt bei einem buddhistischen Begräbnis einen Namen, der von dem Mönch, der die Begräbniszeremonie durchführt, oder vor der Zeremonie von der Familie ausgewählt wird. Mikao Usui hatte zu Lebzeiten noch den Namen „Gyohan", der das „Segel in der Morgendämmerung" bedeutet. Ein zusätzlicher Name wurde damals Intellektuellen, Künstlern und Künstlerinnen sowie Nonnen und Mönchen gegeben. (32)

Als Buddhist war er Mitglied der buddhistischen Strömung „Jodo Shu", dem „Buddhismus des Reinen Landes". Zu der gehört auch der Saihoji-Tempel in Tokio, auf dessen Friedhof er begraben liegt. (33)

Mikao Usui war nach Kimiko Koyamas Aussage vor seiner Reikiarbeit „als Journalist, Gefängnisseelsorger, Sozialarbeiter, Missionar einer Shinto-Gruppe, Angestellter" sowie „beim Minister Shimpei Goto als ‚Kaban Mochi' als ‚Aktentaschen-Träger' im Sinne eines Privatsekretärs, tätig" gewesen. (34)

Er arbeitete nachweisbar nie als Dozent an einer Universität, weder in Kyoto oder Tokio noch in den USA. Er war auch kein Christ oder ein christlicher Priester gewesen, sondern sein Leben lang Buddhist. (35) Nur als Buddhist konnte man in Japan, wie das bei ihm der Fall war, auf einem buddhistischen Friedhof bestattet werden. (36)

Mikao Usui war laut Kimiko Koyama kein Arzt und besaß auch keinen Doktortitel, wie man im westlichen Raum lange annahm. (37) Diese Aussage stimmt mit dem Text von dem Gedenkstein von 1927 an seinem Grab in Tokio überein. Dort steht laut der genauen Übersetzung des deutschen Japanologen Dr. Mark Hosak nur: Er war „mit medizinischer Fachliteratur und buddhistischen Texten und Symbolen bewandert." (38) Wäre er ein studierter Arzt gewesen oder hätte er einen Doktortitel in einem anderen Fachgebiet gehabt, dann hätten das seine Schüler auf jeden Fall erfahren und das auf dem Gedenkstein zu seinen anderen beruflichen Tätigkeiten geschrieben. In Japan wäre es undenkbar, so etwas nicht zu erwähnen. (39)

Der Titel „Dr." für Mikao Usui beruhte sehr wahrscheinlich auf einen späteren Übersetzungsfehler des Wortes Sensei. (40) „Sensei" bedeutet im Japanischen „Früher Geborener", „Früher Geborene" oder auch „Ehrwürdiger", „Ehrwürdige". Diese Anrede wurde und wird ohne Ausnahme gegenüber allen Lehrenden als Zeichen des Respekts oder der Hochachtung jedes Mal zusammen mit dem Namen verwendet. Mit „Sensei" werden auch Abgeordnete, die Lehrenden in Schulen und Universitäten sowie Rechtsanwälte und Rechtsanwältinnen, Ärzte und Ärztinnen angesprochen sowie alle mit einem Doktortitel. Deshalb kann die Bezeichnung „Sensei" leicht zu Verwechslungen führen.

Kimiko Koyama berichtete über den weiteren beruflichen Weg von Mikao Usui: „Nach dem Posten als Privatsekretär machte er sich selbstständig. Das Geschäft ging nicht gut. Er musste Konkurs anmelden." (41) Dieser Konkurs war im Jahr 1914 laut dem in Japan erschienenen Buch „Iyashi No Te", „Heilende Hände", von Toshitaka Mochizuki. (42)

Seine finanziellen, beruflichen und biografischen Eckdaten zeigen kein leichtes und geradliniges Leben auf. Auf dem Gedenkstein neben Mikao Usuis Grab in Tokio steht bestätigend, dass er, gleichwohl er „über herausragende Fähigkeiten verfügte", „viele Probleme und Schwierigkeiten hatte. Doch er gab nicht auf." (43)

Trotz dieser biografischen Hintergründe beschrieben ihn seine Schüler in seiner Zeit als Reikilehrer laut der Grabsteininschrift als „sanft, bescheiden, geduldig, umsichtig und immer mit einem Lächeln im Gesicht." (44) Harue Nagano charakterisierte ihn so: „Usui Sensei heilte viele Menschen. Weil er das nicht allein tun konnte, gründete er die Gakkai. Ich habe ihn im Mai 1925 in Sagano auf einer Reiju-Kai kennengelernt. Er war einfach, bescheiden und humorvoll." (45)

Die Übersetzung der Inschrift auf dem Gedenkstein findet man im Internet bei www.Reiki-Magazin.de bei „Alle Ausgaben" bei „2/2003" auf den Seiten 38 bis 42 und bei www.Reiki-fuer-Tiere-Seminare.de im Blog unter „Gedenkstein". In dem Buch „Die Wurzeln des Reiki" vom Ehepaar Browen und Frans Stiene aus dem Jahr 2003 ist auf den Seiten 401 bis 404 ebenfalls der vollständige Text veröffentlicht. Im Buch „Das Reikifeuer" von Frank Arjava Petter aus dem Jahr 2000 wurde die Inschrift auch publiziert, sie steht außerdem in seinem Buch „Das ist Reiki" aus dem Jahr 2009 auf den Seiten 57 bis 60. Der Japanologe und Reikilehrer Dr. Mark Hosak übersetzte die Inschrift Satz für Satz in jedem Reiki-Magazin als fortlaufende Artikelreihe. Diese Artikel mit seinen detailliert beschriebenen Übersetzungen können bei www.Reiki-Magazin.de unter „Alle Ausgaben" ab 4/2012 kostenfrei gelesen werden. Das Reiki-Magazin ist die seit 1997 vierteljährlich erscheinende Zeitschrift für Reikiinteressierte und Reikipraktizierende. Da einzelne Schriftzeichen im Japanischen verschiedene Bedeutungen haben können, weichen Übersetzungen oft leicht voneinander ab.

Die Usui-Reiki-Gakkai

Der Inschrift des Gedenksteins zufolge „ließ er sich im April 1922 in Harajuka Aoyama in Tokio nieder und gründete die Gakkai, um Reiki Ryoho zu lehren und Behandlungen zu geben." (46) Mit der Gakkai ist die „Usui Reiki Ryoho Gakkai", die „Gesellschaft für die Reiki-Heilmethode von Usui" gemeint. (47) „Gakkai" heißt übersetzt „Gesellschaft".

Die Gakkai von Mikao Usui wurde und ist in Japan registriert unter der Bezeichnung „Shin shin Kaizen Usui Reiki Ryoho Gakkai", „Gesellschaft der Usui-Behandlungsmethode zur Verbesserung von Körper und Geist" und arbeitet bis heute. (48)

Laut der Inschrift wurde er „wegen des guten Rufs in viele Städte eingeladen." So entstanden in ganz Japan die Außenstellen der Gakkai, in denen unterrichtet, geübt und behandelt wurde. (49) Im Jahr 1925 gab es 40 Zweigstellen. (50) Im Dezember 1929 waren es 60 Zweigstellen. (51) Ein Besuch der Außenstellen war im Zeitalter der Dampflokomotiven und der noch relativ wenigen festen Straßen sowie aufgrund der zum Teil beträchtlichen Entfernungen in Japan oft langwierig und beschwerlich. Zum Beispiel lagen die Zweigstellen in den Städten Kure, Saga, Hiroshima und Fukuyama über eintausend Kilometer von Tokio entfernt.

Auf dem Gedenkstein steht, dass Mikao Usui bis Anfang 1926 über 2.000 Menschen in die Reikimethode ausbildete. Laut der Mitgliederlisten der Gakkai gab es im Juli 1928 in den 55 Zweigstellen rund 5.000 Mitglieder und im Dezember 1929 in den 60 Zweigstellen über 7.000 Mitglieder. (52) In den Zweigstellen behandelten die Mitglieder sich gegenseitig sowie auch unzählige Nichtmitglieder.

In der Mitgliederliste vom Juli 1927 ist die ganze Hayashi-Familie, Chujiro und seine Frau Chie sowie ihre Tochter Kizoe und ihr Sohn Tadayoshi, als Reikipraktizierende aufgeführt. (53) Chie Hayashi arbeitete als Reikilehrerin schon vor dem Herbst 1937 und unterrichtete Reiki auch während und nach dem Krieg bis 1954 in ganz Japan. (54) Die Praxis der Hayashis, in der sie die umfangreiche Arbeit am Empfang machte und auch als Reikilehrerin tätig war, lag im Tokioter Stadtbezirk Shinjuku. (55)

Chujiro Hayashi war während seiner Ausbildungszeit durch Mikao Usui ein Mitglied der Usui-Gakkai und gründete 1931 seine eigene Gakkai, die „Hayashi Reiki Kenkyukai Gakkai", das heißt übersetzt „Hayashi Reiki

Forschungsgesellschaft" oder „Hayashis Gesellschaft zur Erforschung der Reikienergie", deren erster Präsident er war. (56) Nach seinem Tod 1940 wurde Chie Hayashi die zweite Präsidentin. (57) Die Hayashi-Gakkai hatte vor dem Krieg neben Tokio 10 Zweigstellen in ganz Japan mit insgesamt über 4.000 Mitgliedern. Sie löste sich mit dem Tod von Chie auf. (58)

Weil ältere Shihans verstarben und im Pazifikkrieg das Hauptbüro der Usui-Gakkai in Tokio im März 1945 ausgebombt wurde und auch Mitglieder als Folge des Krieges starben oder unbekannt verzogen, ging die Anzahl bis 1945 zurück, erholte sich aber dank der Aufbauarbeit der Gakkai-Präsidentin Kimiko Koyama (1906–1999) wieder. (59) Nach dem Krieg lud Tsuboi Sensei (1883–1982), ein Teemeister und Reikipraktizierender, die noch erreichbaren Mitglieder der Gakkai in seine Wohnung ein. Es kamen nur eine Handvoll, eine davon war die Reikilehrerin Kimiko Koyama. Sie hatte die Reikimethode 1932 beim dritten Präsidenten der Gakkai, Kanichi Taketomi (1878–1960), erlernt. (60) Laut Tsuboi Sensei „lehrte Kimiko Koyama Sensei anschließend viele Mitglieder. Aufgrund ihrer Arbeit kam die Usui Reiki Ryoho Gakkai nach dem Krieg wieder in Gang." (61)
Hartue Nagano, der 1923 von Mikao Usui ausgebildet wurde, erzählte von der Zeit während und nach dem Krieg: „Einer nach dem anderen verstarben die ursprünglichen Shihans und einige Zweigstellen mussten schließen. Aber dank der Bemühungen von Kimiko Koyama Sensei hat sich die Gakkai wieder gut entwickelt und ist so zu neuem Leben erwacht." (62)
Anfang der 1990ern gab es 13 Zweigstellen, in der Hauptgruppe in Tokio waren rund 250 Mitglieder. (63) In den Jahren 1997 und 2023 gab es sechs Shihan in der Usui-Gakkai. (64) Im Jahr 2015 waren die Mitglieder „älter geworden und die Zahl der lokalen Zweigstellen wurde reduziert. Es gab nur noch eine Zweigstelle in Kobe." (65)
Die Usui Reiki Ryoho Gakkai arbeitet bis heute unverändert nach Mikao Usuis Lehren. Unter ihren Mitgliedern sind auch Ausländer, wie der Reiki-forscher Dr. phil. Justin Stein von der Uni Kwantlen in Kanada. (66) Innerhalb der Usui-Gakkai finden bis heute weiterhin regelmäßige Treffen, Behandlungen und Ausbildungen statt.

Mit Reiki haben schon Millionen Menschen Gutes bewirkt. Man schätzt, dass weltweit sieben bis neun Millionen sich und anderen mit Reiki helfen.

Die „Reiki-Kai", die Treffen der Gakkai-Mitglieder

Mikao Usui und die Mitglieder der Usui-Reiki-Gakkai trafen sich regelmäßig zu einem Reiki-Kai, einem Reiki-Treffen. (67) „Kai" heißt im Japanischen „Treffen" oder „Versammlung". Bei einem Kai wurde geübt und praktiziert und behandelt. (68) Alle Mitglieder konnten an einem Reiki-Kai teilnehmen, unabhängig davon, ob sie die Reikigrade Shoden, Okuden oder Shinpiden hatten. (69) Der Shoden entspricht dem 1. Grad, der Okuden dem 2. Grad und der Shinpiden dem 3. und 4. Grad.

Kimiko Koyama hielt mehr als zwanzig Jahre lang und auch als über Neunzigjährige viermal in der Woche in ihrem Haus im Tokioter Meguro-Ku-Distrikt ein Kai ab. (70) Einmal im Monat reiste sie noch im hohen Alter abwechselnd zu den Zweigstellen Kyoto und Osaka, um dort Reikitreffen anzubieten, berichtete Hiroshi Doi, ein japanischer Reikilehrer und Reikibuchautor. Er hatte Reiki bei ihr in Kyoto ab dem Jahr 1993 erlernt. (71)

Die Reikitreffen begannen mit Darlegungen zu verschiedenen Reikithemen, „danach wurden die Gedichte des Meiji-Kaisers rezitiert. Dann kamen die Übungen des Trockenbadens Kenyoku, die geistreinigende Atemtechnik Joshin Kokyo-Ho und die Sammlung des Geistes Seishin Toitsu und hierbei erhielten alle Teilnehmer, die wollten, Reiju." Reiju ist die sogenannte Einstimmung. In der Gakkai wurde sie bei dem Ausbildungsseminar in den Okuden und in den Shoden vorgenommen. Damit waren alle in die jeweiligen Grade eingeweiht. Unabhängig davon wurde bei jedem Reiki-Kai immer wieder ein Reiju für alle Anwesenden gegeben. (72) „Diese Abfolge ist bei den Treffen seit der Zeit Usui Sensei unverändert. Nach dem Reiju rezitierten wir dreimal die Gokai", das Rezitieren der fünf Lebensregeln war mit Gassho verbunden, „anschließend folgten Fragen und Antworten, dann die Übungen der Techniken Reiji-Ho, Reiki-Mawashi und die Konzentrationstechnik Shuchu-Reiki." (73)

Bei der Shuchu-Technik wird eine Person von mehreren Praktizierenden gleichzeitig behandelt. Diese Technik von Mikao Usui wird hierzulande oft bei Reikiübungsabenden und auf Festivals angewandt.

Die Grade der Reikimethode

Bei Mikao Usui gab es drei Grade: Shoden, Okuden und Shinpiden.

Der Shoden entspricht dem 1. Reikigrad im westlichen Verbreitungsraum. Das japanische Wort „Sho" heißt „Anfang" und das Wort „Den" „Lehre".

Der Okuden ist der 2. Grad. „Oku" heißt „Tiefe" und „Den" „Lehre".

Der Shinpiden war in Shihan-Kaku und Shihan aufgeteilt, was dem 3. und 4. Grad entspricht. „Shinpi" bedeutet „Mysterium" und auch „Geheimnis" und „Den" heißt „Lehre". (74) Ein „Kaku" ist der „Assistent" oder die „Assistentin" des „Shihan", des „Lehrers" oder der „Lehrerin". Der Shihan-Kaku wird im westlichen Raum auch „3. Grad" oder „Meistergrad" genannt. Der Shihan entspricht dem 4. Grad und wird auch „Lehrergrad" genannt. Im Shihan-Grad geht es darum, wie man andere in den 1. bis 4. Grad ausbildet und begleitet.

Die drei Grade hatten bei Mikao Usui verschiedene Unterteilungen. Der Shoden hatte vier Ränge, der Okuden die zwei inhaltlichen Bereiche Zenki und Koki und der Shinpiden die zwei Teile Shihan-Kaku und Shihan. (75)

Nach dem Shodenseminar waren die Teilnehmenden automatisch in dem Roku-To, dem 6. Rang, dem Anfänger-Rang. Wenn sie durch Üben und Praktizieren den Byosen richtig aufspüren konnten, kamen sie in den 5. Rang, dem Go-To. Beherrschten sie Reiji-Ho, wurden sie in den 4. Rang, den Yon-To, eingestuft. Wurden sie bei ihren Behandlungen sicherer, wechselten sie in den 3. Rang, den San-To. Mit noch mehr Praxis und Erfahrung kamen sie in den 2. Rang. Mikao Usui ordnete sich selbst in diesen 2. Rang ein. Da er ein bescheidener Mensch war, meinte er, der 1. Rang würde freigehalten sein für diejenigen, die besser wären als er. (76)

Im Shodengrad behandelte man erst mal vorrangig sich selbst und die eigene Familie, aber man konnte auch andere behandeln. Spätestens mit dem Okudengrad fing man dann an, neben sich selbst, Verwandten und Bekannten auch Fremde zu behandeln. (77) Sobald man die Inhalte des Shoden sicher beherrschte, also den 2. Rang innehatte, konnte man sich auf eigenen Wunsch in den Okuden ausbilden lassen. (78) Der Okuden war unterteilt in „Zenki", der „Ersten Hälfte" und „Koki", der „Zweiten Hälfte". (79)

In den vielen Zweigstellen der Gakkai behandelten vorrangig die Gakkaimitglieder mit dem Okuden andere Mitglieder sowie auch Nichtmitglieder, die sich eine Behandlung wünschten. (80)

Die Entscheidung, ob jemand mit dem Okuden Shihan-Kaku wurde, war dem Shihan überlassen, der dazu die Fähigkeiten seiner Okudenschüler und Okudenschülerinnen einschätzte. (81) Der Shihan entschied ebenfalls, wann ein Shihan-Kaku zum Shihan werden konnte. Ein Shihan-Kaku assistierte über einen längeren Zeitraum, an dessen Ende ihm von seinem Shihan der Titel „Shihan" verliehen wurde. (82)

Bei manchen dauerte es länger, bis sie zu dem nächsten Grad wechselten, bei manchen ging es schneller. So fing beispielsweise Chujiro Hayashi im Mai 1925 mit dem Shoden an und war zehn Monate später Reikilehrer. (83) Andere verspürten keinen inneren Impuls, einen weiteren Grad zu erlernen. Die Reikimethode wurde in Japan nicht leistungsorientiert gesehen, sondern, wie das im östlichen Kulturraum üblich ist, integrativ als Weg.

Bei der Reikimethode ist der 1. Grad ausreichend, um alle Probleme behandeln zu können. Reikipraktizierende mit dem 1. Grad berichten von den gleichen Heilerfolgen auch bei schweren Erkrankungen und Verhaltensproblemen wie diejenigen mit dem 2., 3. oder 4. Grad. Hawayo Takata betonte immer wieder in ihren Seminaren: „Der 1. Grad genügt."

Das Handbuch von Mikao Usui

Mikao Usui überreichte jedem Reikischüler und jeder Reikischülerin bei seinen Shoden-Seminaren ab ungefähr 1924 das „Reiki Ryoho Hikkei", sein „Handbuch der Reiki-Heilmethode". (84)

Das Wort „Hikkei" bedeutet „Grundlagen", aber auch „ein Handbuch, das Sie immer bei sich tragen sollten" beziehungsweise „ein unentbehrliches Handbuch". (85) Bei „Hikkei" wird das e und das i kurz und nicht als „ei" ausgesprochen, sondern „Hik-ke-i", das liegt zwischen Hikke-i und Hikkej. Das Hikkei hat 68 beschriebene Seiten. Es ist mit 9 x 12,8 cm fast so groß wie eine Postkarte und 0,4 cm dick. (86)

1974 wurde das Hikkei anlässlich seines 50. Jahrestages von der Usui-Gakkai neu aufgelegt. (87) Die Neuauflage hat den Titel „Reiki Ryoho no Shiori". Dieser Titel kann mit „Büchlein zur Reiki-Methode mit Erklärungen für Einsteiger" übersetzt werden. (88)

Das Hikkei enthält vier Kapitel:

1. Kapitel: „Gokai". Das bedeutet „Fünf Prinzipien", „Fünf Regeln" oder „Fünf Gebote". Hierzulande werden sie „Die fünf Lebensregeln" genannt.

2. Kapitel: „Kokai denju setsumei". Das heißt wortwörtlich „öffentliche Übermittlung erklären". Das Kapitel enthält Erläuterungen zur Reikimethode in Form eines Interviews mit Mikao Usui.

3. Kapitel: „Ryoho Shishin". Das heißt „Heilmethode-Leitfaden". Dieses Kapitel beinhaltet konkrete Handpositionen für die meisten Erkrankungen.

4. Kapitel: „Gyosei". Dieses Kapitel umfasst 125 Kurzgedichte vom japanischen Kaiser Mutsuhito zur Inspiration. (89)

Zum 1. Kapitel „Gokai"

Vielleicht hatte sich Mikao Usui 1922 beim Formulieren seiner Gokai von dem Buch „Kensen no Genri", die „Prinzipien der Gesundheit", von Dr. Bizen Suzuki anregen lassen. Das erschien in Japan 1914. Dort stehen als fünf „Prinzipien der Gesundheit": „Gerade heute ärgere dich nicht, fürchte dich nicht, sei ehrlich, arbeite fleißig, sei freundlich zu den Menschen." (90)

Die fünf Prinzipien von Mikao Usui lauten: „Gerade heute: Ärgere dich nicht. Sorge dich nicht. Sei dankbar. Arbeite hart. Sei freundlich zu allen."

Seine fünf Prinzipien heißen auf Japanisch: „Kyo dake wa: Ikaru na. Shinpai suna. Kansha shite. Gyo o hageme. Hito ni shinsetsu ni.“

Im Buddhismus ist man der Ansicht, dass man zu allen, den Menschen, Tieren, der Natur, den Göttern und Göttinnen und den eigenen Ahnen und Ahninnen freundlich sein sollte und sie zu achten sind. Im buddhistischen Verständnis besitzen die Menschen und Tiere die „Buddhanatur". (91) Weil die Tiere und Menschen diesbezüglich gleich sind, sollen sie auch nicht gegessen werden, sagte Buddha. Deshalb wurde in der Vergangenheit im buddhistischen Indien, China, Tibet und Japan von allen über viele Jahrhunderte lang keine Tiere gegessen. (92) In Japan waren von dieser religiösen Tradition Wild und Fisch ausgenommen. In Indien ernähren sich aufgrund ihres buddhistischen Glaubens bis heute wohl rund 33 % aller Menschen vegetarisch, das sind über 250 Millionen Menschen. (93) Der Dalai Lama ist deshalb ebenfalls Vegetarier. Auch Hawayo Takata war Vegetarierin. (94) Sie war Buddhistin, genauso wie Mikao Usui Buddhist war. (95)

In Japan erließ der japanische Kaiser nach dem Vorbild von China und Indien im 9. Jahrhundert einen ersten einschränkenden Erlass, ab dem 11. bis in die zweite Hälfte des 18. Jahrhunderts lebte die japanische Bevölkerung aus Achtung vor der Buddhanatur der Tiere vegetarisch. (96)

In japanischen Restaurants und Lebensmittelgeschäften, in den Klöstern und Herbergen von buddhistischen Tempeln gibt es seit damals bis heute diese vielfältige vegetarische, meist vegane jahrhundertealte Essensform, die „Shojin-Ryori", die „Küche der Hingabe" heißt. Zu ihr stehen im Internet viele Einträge und die Adressen Tausender Restaurants mit Shojin-Ryori und veganen Angeboten. Ebenso findet man im Internet die Adressen der für alle Reisenden offenen Tempelherbergen, den Shukubo, mit ihren vielgelobten Shojin-Ryori-Frühstücken und -Abendessen.

Die Shojin-Ryori-Küche wird zum Beispiel in der Shukubo-Herberge des Zen-Tempels Torin-In in Kyoto und des Tempels in Chozenji bei Fukuyama sowie in den Tempeln am tausendjährigen Koyosan-Pilgerweg bei Osaka gereicht. (97) Auf dem Kuramaberg gibt es, direkt rechts neben dem Beginn der großen Treppe vor dem Eingang der Anlage, ebenfalls eine traditionelle Tempelgaststätte mit dieser abwechslungsreichen vegetarisch-veganen Klosterküche zur Stärkung vor dem Bergaufstieg und dem Besuch des großen Tempelgeländes mit seinen Tempeln und Schreinen.

Dass auf dem Gelände des Kuramabergs sowohl shintoistische Schreine als auch buddhistische Tempel zu finden sind, hat damit zu tun, dass man in Japan seit Langem gleichzeitig und gleichberechtigt den Shintoismus und den Buddhismus praktiziert. Im Shintoismus, der jahrtausendealten Naturreligion Japans, werden bis heute die vielen Göttinnen und Götter, Naturwesen, Tiere, Bäume, Quellen und die Verstorbenen der eigenen Familie verehrt. Rund 90 % aller Japanerinnen und Japaner sind heutzutage Praktizierende beider Religionen. (98)

In den fünf Gokai von Mikao Usui ist mit „Arbeite hart" oder „Erfülle deine Pflicht" nicht die alltägliche Arbeit zuhause und im Beruf gemeint, sondern das Arbeiten an sich selbst im Sinne von: „Tue, wozu du bestimmt bist. Erfülle deine Lebensaufgabe. Kümmere dich bitte intensiv um deine innere Entwicklung." (99) Denn für Mikao Usui war die Reikimethode sowohl eine Heilmethode für sich selbst und für andere als auch eine Methode für die persönliche innere Weiterentwicklung.

Hawayo Takata hatte das Wissen um die Gokai, die fünf Lebensregeln von Mikao Usui, von ihrem Lehrer Chujiro Hayashi erhalten. Sie wurde 1935 in Tokio von ihm in den Shoden und den Okuden ausgebildet und arbeitete ab 1938 als Reikilehrerin auf Hawaii, einem Bundesstaat der USA. Im Jahr 1948 schrieb sie in ihrem bei www.ReikiGreyBook.com nachzulesenden Essay „Die Kunst des Heilens" ihre Form der Gokai als „Die Ideale" auf:
„Die Ideale: Nur für heute – sollst du dich nicht ärgern. Nur für heute – sollst du dich nicht sorgen. Du sollst dankbar sein für die vielen Segnungen. Verdiene deinen Lebensunterhalt mit ehrlicher Arbeit. Sei freundlich zu deinen Nachbarn."
In der Reiki-Alliance, deren Mitbegründerin die Reikilehrerin Phyllis Lei Furumoto, die Enkelin von Hawayo Takata, war, lauteten die Lebensregeln ab Anfang der 1980er so:
„Gerade heute sei nicht ärgerlich. Gerade heute sorge dich nicht. Ehre deine Eltern, Lehrer und Älteren. Verdiene dein Brot ehrlich. Empfinde Dankbarkeit für alles Lebendige." (100)
Eine positiv formulierte Version der Lebensregeln im Westen war:
„Gerade heute fühle ich das Glück. Gerade heute ist für mich gesorgt. Gerade heute bin ich ehrlich. Gerade heute empfinde ich Dankbarkeit und Liebe für alles Lebendige."

Als ich 1994 den ersten Grad bei der Reikilehrerin Gabriele Nau machte, die seit 1992 Mitglied der Reiki Alliance ist, kam ich mit der Verneinung in den ersten zwei Lebensregeln nicht so gut klar. Ich wollte aber aus Respekt keine Worte aus den Lebensregeln weglassen oder die Worte verändern. Deshalb fügte ich damals bei den ersten zwei Regeln für mich persönlich nur das Wörtchen „mehr" hinzu. Mit: „Gerade heute sei nicht mehr ärgerlich. Gerade heute sorge Dich nicht mehr." waren sie für mich stimmig.

Mehr über die Lebensregeln steht in dem Buch „Die Reiki-Lebensregeln – Fünf Prinzipien für ein gutes und spirituelles Leben" vom Herausgeber Frank Doerr. Darin teilen auch einundzwanzig Reikilehrerinnen und Reikilehrer ihre Erfahrungen und Blickwinkel mit den Lebensregeln mit.

Die Gokais können für die persönliche Weiterentwicklung genutzt werden. Sie waren ursprünglich nicht als Affirmationen gedacht, sondern sie waren mehr wie eine Aufforderung zum Nachdenken über alltägliche Gefühle und die innere Ausrichtung und den Sinn des eigenen Tuns. (101)

Auf dem Gedenkstein steht die Empfehlung von Mikao Usui, dass die Gokai am besten in Gasshohaltung morgens und abends rezitiert werden sollten. Bei Gassho legt man die Handflächen vor der Brust aneinander und sitzt innerlich entspannt da. Laut der Inschrift sah er die Gokai als „eine Methode zum Einladen des Glücks und als Heilmittel für viele Krankheiten" an.

Zum 2. Kapitel „Kokai denju setsumei"

„Kokai denju setsumei" heißt „Öffentliche Übermittlung erklären" und kann auch mit „Öffentliche Erklärungen zur Vermittlung" übersetzt werden. Das 2. Kapitel beinhaltet ein Interview mit Mikao Usui. In dem erläutert er öffentlich seine Erfahrungen und Sichtweise zur Reikimethode.

Das Hikkei und auch das Interview sind wohl von 1924. Denn auf die Frage: „Kann jeder Usui Reiki Ryoho erhalten?" antwortete er dort mit:

„Natürlich. Ich habe bis heute über tausend Menschen eingeweiht, und bei niemandem hat es versagt. Allein mit dem Anfangsgrad Shoden ist jeder in der Lage, Krankheiten zu heilen. Selbst ich finde das erstaunlich." (102)

Er hatte im April 1922 mit der Vermittlung von Reiki Ryoho begonnen und verstarb schon knapp vier Jahre später im März 1926. Auf dem Gedenkstein neben seinem Grab steht, dass Mikao Usui bis 1926 „über zweitausend Menschen in Reiki Ryoho ausgebildet" hatte. Demnach könnte er zwischen 1922 und 1924 die rund eintausend Menschen unterrichtet haben.

Drei weitere Fragen aus diesem Interview im Hikkei: (103)

Auf die Frage: „Man könnte meinen, dass nur auserwählte Menschen mit der Gabe dieser Heilkraft gesegnet seien und dass sie nicht durch Übung erlangt werden könne?" antwortete Mikao Usui:

„Nein, das ist nicht so. Jedes Lebewesen hat heilende Kräfte. Die Menschen, Pflanzen, Tiere, …"

Auf die Frage: „Braucht man medizinische Kenntnisse, um Reiki Ryoho anwenden zu können?" antwortete er:

„Die Reikimethode ist eine spirituelle Methode, die über die medizinische Wissenschaft hinausgeht. Sie baut daher nicht darauf auf."

Auf die Frage: „Wie funktioniert Usui Reiki Ryoho?" antwortete er:

„Ich bin von niemandem in diese Methode eingeführt worden. Auch habe ich keine Anstrengungen unternommen, um besondere Heilkräfte zu erlangen. Ich habe zufällig erkannt, dass ich Heilkräfte bekommen habe. Das war während eines Fastens, als mich das Universum mit seiner Energie auf eine mysteriöse Art und Weise berührt hatte. Obwohl ich der Begründer dieser Methode bin, fällt es mir schwer, genau zu erklären, weshalb sie wirkt. Ärzte und Gelehrte erforschen das Phänomen, aber bislang kann es die moderne Wissenschaft nicht begründen. Aber ich glaube daran, dass man es eines Tages erklären kann."

Das komplette Interview von Mikao Usui und Fotos zum Hikkei sind bei www.Reiki-fuer-Tiere-Seminare.de im Blog unter „Handbücher" zu finden.

Zum 3. Kapitel „Richtlinien für Behandlungen" bei Erkrankungen

Dieses Kapitel enthält Handpositionen für alle üblichen Erkrankungen. Die Handpositionen im Hikkei waren für diejenigen, die den Byosen oder das Reiji-Ho noch nicht gut erspüren konnten. (104) Mit den angegebenen Positionen konnten sie trotzdem gleich anfangen zu behandeln. Das Hikkei war nur postkartengroß, damit man es zu Terminen bei sich tragen konnte, um vor einer Behandlung die Positionen nachschlagen zu können.

Teile des Hikkei sind in einigen Reikibüchern und im Internet veröffentlicht. Eine Auflistung davon steht hier im Buch im III. Kapitel unter „Bücher". Dieses 3. Kapitel des Hikkei ist der Inhalt des „Behandlungs-Leitfaden" von Chujiro Hayashi, seinem „Ryoho Shishin", den er nach Mikao Usuis

Tod seinen eigenen Schülerinnen und Schülern beim Shoden mitgab. Allerdings veränderte er darin zum Teil die von Mikao Usui vorgegebenen Handposititionen. (105) Das „Ryoho Shishin" von Chujiro Hayashi ist bei www.ReikiGreyBook.com unter „Behandlungs-Leitfaden" veröffentlicht.

Die Hand- und Fingerpositionen waren im Hikkei nicht abgebildet, sondern aufgeschrieben. Das 3. Kapitel mit den Behandlungsrichtlinien „Reiki Ryoho Shishin" ist in elf Krankheitsgruppen gegliedert. Hinter jeder Krankheit stehen die jeweiligen Hand- und Fingerpositionen.
Die Krankheitsgruppen sind laut Mikao Usui:
1. Die Grundbehandlung für die jeweilige Körperstelle
2. Nervenkrankheiten
3. Erkrankungen der Atemorgane und der Atemwege
4. Erkrankungen des Verdauungssystems
5. Kreislauferkrankungen
6. Funktionsstörungen des Stoffwechsels und des Blutes
7. Urogenitale Erkrankungen
8. Haut- und orthopädische Erkrankungen einschließlich Wunden
9. Kinderkrankheiten
10. Frauenkrankheiten
11. Infektionskrankheiten. (106)

Bei „1. Die Grundbehandlung für die jeweilige Körperstelle" ist gleich als Erstes die „Grundbehandlung" aufgeführt. Bei der Grundbehandlung legte man beide Hände auf diese sieben Positionen auf: „Stirn, Schläfen, Hinterkopf, Nacken, Hals, auf dem Kopf oben, Magen und Darm".
Bei „1." steht als Nächstes: „Genetsu-Ho, die Technik zum Fiebersenken: Stirn, Schläfen, Hinterkopf, Nacken, Hals, auf dem Kopf oben, Magen und Darm". Sie hat die gleichen sieben Positionen wie die Grundbehandlung.
Darauf kommen bei „1." die spezifischen Hand- und Fingerpositionen für jedes einzelne Organ: Für die Augen, Nase, Ohren, Mund, Zunge, Hals, für Lunge, Herz, Leber, Magen, Darm, Blase, Gebärmutter und Nieren.
Danach wird die „Hanshin Chiryo-Ho" beschrieben. Das ist eine Technik, bei der der Rücken mit den Händen ausgestrichen wird.
Am Schluss von „1." steht: „Tanden-Chiryo-Gedoku-Ho". Damit sind zwei Techniken gemeint. Bei beiden Techniken wird eine Hand beziehungsweise

ein Finger auf den Bauchnabelbereich gelegt. (107) Das „Tanden" ist ein Energiespeicher im Bauchraum und „Chiryo" heißt „Methode". „Ge" bedeutet „senken" und „Doku" „Schadstoffe" oder „Gift". Mehr zu der Technik „Tanden Chiryo" hier im II. Kapitel.

Es folgt „2. Funktionsstörungen der Nerven". Zum Beispiel sind die Handpositionen bei der „Basedowschen Krankheit: Der Kopfbereich, die Augen, die Schilddrüse, das Herz, die Gebärmutter, Hanshin Chiryo-Ho" und beim „Schluckauf: Das Zwerchfell, die Stirn, die Halswirbel 3 bis 5".

Nach der 11. Krankheitsgruppe mit den Handpositionen zu verschiedenen Infektionskrankheiten folgt das 4. Kapitel mit den Gyosei.

Zum 4. Kapitel „Gyosei"

Für die Frauen und Männer der japanischen Oberschicht gehörte es seit Jahrhunderten zum guten Ton, Alltägliches, Nachdenkliches und Lyrik in Form von Gedichten aufzuschreiben. Dafür gab es verschiedene Formen: Das dreizeilige Haiku, das fünfzeilige Waka und das siebenzeilige Shi. Die 125 Gedichte des Kaisers im Hikkei sind alle in der Waka-Form. (108)

Der sehr aufgeschlossene, progressiv denkende Kaiser Mutsuhito, der 1912 im Alter von sechzig Jahren verstarb, wurde in Japan von allen, so auch von Mikao Usui und den Gakkaimitgliedern, sehr verehrt. In Japan wurde ein Kaiser nicht mit seinem persönlichen Namen angeredet, sondern mit „Tenno Heika", „Kaiserliche Majestät", oder mit „Tenno" für „Kaiser" plus der selbstgewählten Regierungsmaxime. Mutsuhito nahm als Maxime für seine Regierungszeit von 1868 bis 1912 „Meiji", „Aufgeklärte Herrschaft", und trug deshalb in Japan den Namen „Meiji-Tenno". (109)

Mutsuhito und seine Frau Shoken haben Tausende Waka geschrieben, die es als Gedichtbände von beiden zu kaufen gibt, beispielsweise in den Souvenirläden am shintoistischen Meiji-Schrein im Tokioter Innenstadtviertel Shinjuku. (110) Dieser Schrein wurde zu Ehren des Kaisers Mutsuhito (1852–1912) und der Kaiserin Shoken (1849–1914) im Jahr 1920 erbaut.

Die Kaiserin Shoken war hochbegabt. Im Alter von vier Jahren konnte sie schon Bücher lesen und im Alter von fünf Jahren schrieb sie Waka. Sie gründete karitative Organisationen und Frauenbildungseinrichtungen und begleitete und vertrat ihren Mann bei politischen Auftritten, was damals als Frau ungewöhnlich und ausgesprochen fortschrittlich war. (111)

Hier sind vier der insgesamt 125 Gedichte des Meiji-Kaisers (112), die im Hikkei veröffentlicht sind:

„Kazaguruma iza kakesaseyo hizakarino
Atsusa itowazu hito no maikuru"

„Lass mich den Ventilator einschalten
Selbst in der Mittagshitze kommen Menschen zu Besuch"

„Yowatari no michi no tsutome ni okotaruna
Kokoro ni kanau asobi aritomo"

„Vernachlässige deine Pflichten in dieser Welt nicht
Auch wenn es ein Vergnügen gibt, dem dein Herz folgt"

„Kurikaesu mukasigatari ni onozukara
Isamekotoba no majiru Rojin"

„Wenn ein alter Mann Geschichten aus der Vergangenheit erzählt
mischt er da hinein natürlicherweise mahnende Worte"

„Asamidori sumiwataritaru oozora no
Hiroki wo ono ga kokoro tomogana"

„Der Himmel ist klar wie das Morgengrün und sehr weit
Ich wünschte, mein Herz und Geist wäre so weit"

Das Vorlesen eines der 125 Gedichte und der fünf Lebensregeln bei jedem Seminar, den Reiki-Treffen und auch zuhause diente der positiven inneren Ausrichtung und damit der persönlichen Entwicklung. (113)

Die von Mikao Usui unterrichteten Techniken

Mikao Usui unterrichtete im Shoden insgesamt zwölf Techniken und Elemente, im Okuden waren es sechzehn Techniken, der Shihan-Grad beinhaltete nur die Technik „Reiju" zur Einstimmung. (114)

Die Techniken und Elemente des Shoden, der dem 1. Grad entspricht:
1. Kenyoku-Ho, eine Reinigungs- und Aktivierungstechnik für sich
2. Joshin Kokyu-Ho, eine Atemtechnik
3. Gassho, „zwei Hände kommen zusammen"
4. Reiki-Mawashi, bei der Reiki im Sitzkreis weitergegeben wird
5. Shuchu- bzw. Shudan-Reiki, das gemeinsame Behandeln einer Person
6. Renzoku-Reiki, der Marathon mit wechselnden Reikigebenden
7. Byosen zum Erfassen von Disharmonien durch Abscannen
8. Reiji-Ho zum Erfassen von Disharmonien durch Anziehung
9. Nentatsu-Ho, eine Affirmationstechnik für sich selbst
10. Die Grundbehandlung Byogen Chiryo zum Behandeln der Ursache
11. Die Direktbehandlung eines körperlichen Problems
12. Die Hand- und Fingerpositionen aus dem Handbuch „Hikkei"

Die Techniken des Okuden, der dem 2. Grad entspricht:
1. Heso Chiryo, die Behandlung des Nabels
2. Tanden Chiryo zum Aufladen des Energiespeichers im Bauch
3. Gedoku-Ho zum Entschlacken und Entgiften
4. Genetsu-Ho zum Fiebersenken
5. Koki-Ho, das Weitergeben der Reikienergie über den Atem
6. Gyoshi-Ho, das Weitergeben der Reikienergie über die Augen
7. Hanshin Chiryo, bei der der Rücken gerieben und gestrichen wird
Die Blutreinigungstechnik Ketsueki Kokan-Ho mit den zwei Varianten:
8. Hanshin-Koketsu-Ho, bei der der Rücken ausgestrichen wird, und
9. Zenshin Koketsu-Ho mit Vorderpositionen und Rücken ausstreichen
10. Hatsurei-Ho, zur Anregung und Erhöhung des Energieflusses
11. Jacki-Kiri Joka-Ho zum Reinigen von Gegenständen
12. Nadete Chiryo, eine Behandlung durch Ausstreichen
13. Uchite Chiryo, eine Behandlung durch Beklopfen
14. Oshite Chiryo, eine Behandlung durch Akupressur

15. Seiheki Chiryo, die Behandlung von Gewohnheiten
16. Enkaku Chiryo, die Fernbehandlung

Bei Mikao Usui waren Gassho und Byosen aus dem Shoden keine eigenständigen Techniken, sondern der natürliche Bestandteil einer Reikibehandlung. Erst später wurden diese Elemente zu extra unterrichteten und angewandten Techniken. Auch die Direktbehandlung eines körperlichen Problems sowie die Hand- und Fingerpositionen aus dem Hikkei galten nicht als Techniken, sondern beides wurde bei einer Behandlung ebenfalls ganz selbstverständlich angewandt.

Von den insgesamt achtundzwanzig Techniken des Shoden und Okuden wird bei dreizehn Techniken nicht mit der Reikienergie behandelt.
So wird Joshin Kokyu-Ho für die persönliche Entwicklung verwendet und Gassho, um sich auf eine Behandlung vorzubereiten. Mithilfe der Reinigungstechnik Kenyoku-Ho kann man sich selbst und und mit Jacki-Kiri Joka-Ho Gegenstände reinigen, zum Beispiel die Behandlungsliege. Byosen und Reiji-Ho werden eingesetzt, um Problembereiche zu erfassen.
Bei den sieben Techniken des Okuden Hanshin Chiryo, Hanshin-Koketsu-Ho, Zenshin Koketsu-Ho, Hatsurei-Ho, Nadete, Uchite und Oshite wird ebenfalls nicht direkt mit der Reikienergie gearbeitet, sondern der Körper wird dabei ausgestrichen, getätschelt, akupressiert und beklopft.

Lediglich für die Anwendung der Emotional-Mental-Behandlung und der Fernbehandlung braucht es die drei Symbole, die erst im Okuden gelehrt werden. Da die Symbole bei den zehn Techniken Heso, Koki, Gyoshi, Hanshin, Hanshin Koketsu, Zenshin Koketsu, Hatsurei-Ho, Nadete, Ushite und Oshite vom Okuden nicht nötig sind, können diese Techniken auch durch Praktizierende mit dem Shoden, dem 1. Grad, ausgeübt werden.
Weshalb Mikao Usui diese zehn Techniken nicht schon im Shoden, sondern erst im Okuden unterrichtete, darüber kann man nur spekulieren.

Den genauen Ablauf aller achtundzwanzig Techniken und Elemente und deren Anwendung bei Menschen beschreibe ich in dem Buch „Die Reiki-Techniken von Mikao Usui".

II. Zwölf Techniken von Mikao Usui für die Behandlung von Tieren

Die Reikimethode wurde zuerst als Behandlungsmethode für Menschen angesehen. Üblicherweise werden Heilansätze für Menschen später dann auch bei den sogenannten Nutztieren und bei Haustieren angewandt. So geschah das auch bei der Reikimethode.

Von Oktober 1937 bis Februar 1938 besuchte Chujiro Hayashi seine Reikischülerin Hawayo Takata auf Hawaii, wo sie mit ihren Töchtern lebte. In dieser Zeit gaben sie zusammen vierzehn Reikiseminare auf der ländlich geprägten Insel Hawaii. (115) In einem hawaiianischen Zeitungsbericht vom 18.11.1937 wird über eines dieser Seminare berichtet und dass dabei neben Menschen auch eine Kuh mit Reiki behandelt wurde. (116) Nachdem Hawayo Takata Ende 1938 Reikilehrerin geworden war, gab sie auf Hawaii Seminare, bei denen Teilnehmer dabei waren, die danach Kühe und Schweine erfolgreich mit Reiki behandelten. Ein Bericht dazu:

„Die Parker-Ranch war die größte auf Hawaii. Den Cowboys Reiki beizubringen und wie sie mit dem Vieh umgehen können, war eine neue Erfahrung für Hawayo Takata. Sie brachte den meisten Angestellten auf der Farm Reiki bei. Und die Leute erzählten ihr, wie sie Reiki einsetzten: Wenn das Kalb kam, wickelten sie es in eine Decke und gaben ihm Reiki. So verloren sie kein Kalb mehr." (117)

Von den insgesamt achtundzwanzig Techniken und Elementen des Shoden und Okuden sind zwölf sehr gut für den Einsatz bei Tieren geeignet.

Aus dem Shoden sind das diese sechs Techniken und Elemente:
~ Byosen, der Körperscan zum Erfassen von Problemstellen
~ Reiji zum Erspüren von bestehenden Disharmonien
~ Shuchu zum gemeinsamen Behandeln
~ Die Grundbehandlung Byogen Chiryo zum Behandeln der Ursache
~ Die Direktbehandlung eines körperlichen Problems
~ Die Hand- und Fingerpositionen aus dem Handbuch „Hikkei"

Aus dem Okuden sind das diese sechs Techniken:

~ Heso Chiryo, die Bauchnabelbehandlung

~ Gedoku zum Entschlacken und Entgiften

~ Tanden Chiryo zum Aufladen des Energiespeichers

~ Gyoshi, das Weitergeben der Reikienergie über die Augen

~ Seiheki, die Behandlung von Gewohnheiten

~ Enkaku, die Fernbehandlung

Auf den folgenden Seiten stelle ich die für die Behandlung von Tieren geeigneten Techniken und Elemente in dieser Reihenfolge vor:

1. Die Grundbehandlung Byogen Chiryo zum Behandeln der Ursache
2. Heso Chiryo, die Bauchnabelbehandlung
3. Tanden Chiryo zum Aufladen des Energiespeichers im Bauch
4. Gedoku-Ho zum Entschlacken und Entgiften
5. Byosen, der Körperscan zum Erfassen von Problemstellen
6. Reiji-Ho zum Erspüren von bestehenden Disharmonien
7. Die gezielte Direktbehandlung eines Problems
8. Shuchu zum gemeinsamen Behandeln eines Tieres
9. Die Hand- und Fingerpositionen aus dem „Hikkei"
10. Gyoshi-Ho zum Weitergeben der Reikienergie über die Augen
11. Seiheki Chiryo zur Emotional-Mental-Harmonisierung
12. Enkaku Chiryo, die Fernbehandlung

In diesem Kapitel versuche ich diese zwölf Reikitechniken, so gut das in einem Buch geht, zu erklären. Die Abläufe dieser Techniken sind recht leicht zu erlernen. Beim Byosen und bei Reiji-Ho braucht es länger, da man da noch lernen muss, seine Wahrnehmungen zuzuordnen. Zum Erlernen und Üben können alle Techniken erst einmal an sich selbst oder mit Bekannten gegenseitig untereinander geübt werden oder an einem Stoffplüschtier. Ohne ein Ausprobieren, beispielsweise wie das mit den Handpositionen bei kleinen und großen Tierarten am besten zu bewerkstelligen ist, wird es am Anfang nicht gehen. Mein Lehrmeister pflegte zu uns Lehrlingen zu sagen: „Probiert es zweimal aus, dann seid ihr beim dritten Mal schon schlauer!" Wann immer sich eine Möglichkeit ergibt, sich eine Technik zeigen zu lassen, sie auszuprobieren oder sie anzuwenden, lohnt es sich, das zu machen. Denn: „Ein Kilo Praxis ist mehr wert als eine Tonne Theorie."

1. Die Grundbehandlungstechnik Byogen Chiryo

Das Wort „Byo" kann mit „krank" und das Wort „Gen" mit „Erscheinen" oder „Wurzel" im Sinne von „Ursache" übersetzt werden. „Chiryo" bedeutet „Behandlung". Die Byogentechnik ist vom Namen her leicht mit der Byosentechnik zu verwechseln, die hier im Buch bei 5. beschrieben ist.

Im Hikkei von Mikao Usui wird im 3. Kapitel die „Grundbehandlung" gleich als Allererstes aufgeführt. Erst später bekam sie den Namen „Byogen Chiryo" und „Ursachenbehandlung". (118) Bei dieser Technik versucht man der Erkrankung auf den Grund zu gehen. Es geht dabei weniger darum, den symptomatischen Körperbereich zu behandeln wie bei der Direktbehandlung, sondern die Wurzel, also die Ursache eines Symptoms.

Bei der Byogen Chiryo legt man beide Hände nacheinander auf diese sieben Positionen auf: 1. Stirn, 2. Schläfen, 3. Hinterkopf, 4. Nacken, 5. vorn am Hals, 6. auf dem Kopf oben, 7. eine Hand auf den Magen und die andere Hand auf den Darm.

Der Kopf und der Bauch sind medizinisch gesehen wichtige Schaltzentralen für die Gesundheit. Dort sitzt auch das „Zentrum der Selbstheilungskraft". (119) Bei der Hals- und der Nackenposition fließt die Energie auch zur Wirbelsäule hin. Die ist ebenfalls sehr bedeutsam für die Gesundheit, denn bei ihr sind viele Nervenbahnen, Muskeln und Meridiane. (120)

Bei jeder dieser sieben Positionen verweilt man einige Minuten oder länger. Kimiko Koyama (1906–1999) wurde 1932 im Alter von sechsundzwanzig Jahren von Kanichi Taketomi (1878–1960) ausgebildet. Er war ein Shihan-Schüler von Mikao Usui und der spätere 3. Präsident der Usui-Gakkai. (121) Sie meinte, dass man, solange man einen Byosen nicht klar spüren könne, immer am Kopf beginnen solle, die Hände aufzulegen, und dass man dann dort möglichst lange behandeln solle. (122) Mehr zum Erspüren des Byosens steht hier im Buch bei „5. Die Byosen-Technik".

Fumio Ogawa (1907–1998) wurde von seinem Vater Kozo Ogawa in Reiki unterrichtet. Sein Vater wurde von Mikao Usui zum Lehrer ausgebildet und war Leiter der Zweigstelle der Usui-Gakkai in Shizouka. Fumio Ogawa befürwortete insgesamt dreißig Minuten nur für die Kopfpositionen. (123)

Bei Tieren wird man die sieben Positionen wohl öfter etwas modifizieren. Das kann die Anzahl oder die Reihenfolge der Positionen betreffen.

Wenn die Anzahl der Positionen der Größe eines Tieres angepasst wird:
Bei einem Kuschelkater, der gerade von einer Operation gekommen war und deshalb noch mit den Nachwirkungen der Narkose und dem körperlichen Eingriff zu kämpfen hatte, legte ich meine Hände oben auf den Kopf zur Grundbehandlung auf. Meine Hände deckten bei ihm gleichzeitig die vier Positionen Stirn, Scheitel, Hinterkopf und Nacken ab. Nach über dreißig Minuten legte ich dann für weitere zwanzig Minuten die eine Hand auf die Halsposition und die andere Hand auf den Rücken für den Magen, der dort nur wenige Zentimeter unter dem Rückgrat liegt. Er saß auf seinem Bauch, deshalb wäre ich von vorne nicht an den Bauch herangekommen. Auf der Halsposition hätte es für beide Hände nebeneinander nicht genügend Platz gegeben, auf der Bauchposition ebenfalls nicht. Deshalb machte ich die Positionen Hals und Rücken gleichzeitig. Es zog ganz schön an den Stellen, an denen ich die Hände aufgelegt hatte. Nach diesen fünfzig Minuten war er nicht mehr benommen, sondern wach und innerlich geordnet.

Wenn die Reihenfolge einem scheuen Tier zuliebe verändert wird:
Ein Reikitermin bei einem Wallach mit unklarem Befund. Da er nicht wusste, ob ich nicht vielleicht eine Tierärztin bin, die ihm wehtun würde, war er mir gegenüber sehr distanziert und wollte am liebsten weg.
Ich nahm nicht wie bei einem Menschen gleich die 1. Position auf der Stirn. Denn die Stirnposition ist bei Tieren fast immer unbeliebt, weil sie aufgrund ihres Urinstinktes nicht gern ihre Augen verdeckt haben möchten oder weil sie es nicht mögen, wenn eine fremde Hand in die Nähe ihrer empfindlichen Augen kommt. Bei ihm wäre diese Position als Erstes sowieso nicht möglich gewesen. Ich näherte mich ihm von der Seite und legte ihm erst einmal an seiner Schulter für einige Minuten meine beiden Hände auf. Das ging.
Dann schob ich sie zur 4. Position am Nacken und nach einer Weile auf die 5. am Hals, allerdings von oben und nicht von vorn wie Mikao Usui.
Bei den kurzen Hälsen der Menschen und Hunde ist die Position „Hals" klar. Aber wo ist diese Position bei den langhalsigen Pferden und Kühen? Ist sie am Halsbeginn am Brustkorb, in der Halsmitte oder oben am Kopf? Bei der Halsposition wird die Schilddrüse, der Schluck- und Stimmapparat behandelt. Die liegen bei Kurz- und Langhalsigen direkt unterhalb des Schädels im oberen Halsbereich. Die Halsposition kann von vorn und von hinten behandelt werden, da der Hals an der Stelle nicht sehr dick ist.

Nach diesen rund zwanzig Minuten hatte er mitbekommen, dass es etwas Angenehmes war, was ich machte, und er vertraute mir. Deshalb legte ich nun meine Hände vorsichtig auf die 6. Position auf den Scheitel zwischen seinen Ohren. Dabei passte ich auf, dass ich nicht die empfindlichen Ohrmuschelansätze berührte. Danach schob ich meine beiden Hände auf die 2. Position an der Schläfe und am Ende auf die 1. Position auf der Stirn. Ich legte beide nur auf seine eine Schläfe, weil ich an seiner Seite stand und mit der zweiten Hand nicht zu seiner anderen Schläfe über seine Augenpartie hinübergreifen wollte. Mittlerweile döste er vor sich hin. Die 7. Position im Bauchbereich ließ ich wegen seiner Kontaktempfindlichkeit lieber aus.

Wenn es ein berührungsunempfindlicheres Tier gewesen wäre, dann hätte ich es aus Höflichkeit trotzdem nicht urplötzlich am Bauch mit meinen Händen für die 7. Position berührt, sondern wäre mit meinen Händen langsam über den Hals hinunter zum Bauch geglitten, so dass es gewusst hätte, wo meine Hände gerade sind.

Drei Tipps:
~ Bei Pferden kommt man besser an deren Kopf- und Rückenpositionen heran, wenn man Heuballen neben das Tier legt, auf die man sich stellt. Es geht auch die Sitzbank des Pferdehofes, die Putzkiste, eine umgedrehte Pfandflaschenkiste oder die Aufsitzhilfe.

~ Mit welcher Körperseite man beginnt, ist bei einer Behandlung egal. Hat man die Wahl, dann würde es bei fremden Pferden sinnvoller sein, auf deren linker Körperseite zu beginnen. Denn Pferde sehen sich, genau wie auch Hunde, Unbekanntes oder Bedrohliches lieber mit ihrem linken Auge an. Das hängt mit der Verknüpfung des Auges mit dem rechten Gehirnbereich zusammen, in dem tendenziell unbekannte oder als bedrohlich eingestufte Reize verarbeitet werden. (124) Ihnen auf ihrer linken Seite zum Kennenlernen näher zu kommen und sie dort zuerst zu behandeln, würde ihnen ein besseres Gefühl geben.

~ Bevor man zu einem fremden Tier hingeht, lohnt es sich, innezuhalten, eine verspannte Körperhaltung zu lockern, einige Male ruhig durchzuatmen, sich auf die Situation zu fokussieren und das Tier liebevoll anzulächeln. Ein Tier, vor allem wenn es vorsichtig, ängstlich oder traumatisiert ist, vertraut einer entspannten und freundlichen fremden Person leichter und lässt deshalb deren Reikihände auf seinem Körper eher zu.

2. Heso Chiryo

Das Wort „Heso" bedeutet „Nabel" und „Chiryo" „Behandlung".
Die Heso-Technik wird für die Behandlung der Bauchregion, bei Bauch-
nabelproblemen und auch, genau wie die Technik „Tanden Chiryo", zum
Auffüllen des unteren Tanden verwendet. Das Tanden ist ein kirsch- bis
grapefruitgroßer Energiespeicher, dessen Zentrum sich im vorderen Drittel
bis zur Mitte des Bauches zwei Fingerbreit unterhalb des Nabels befindet.
Der „Nabel" beziehungsweise „Bauchnabel" heißt im Chinesischen in der
Anatomie „Du Qi" beziehungsweise „Du Qiyan". (125) In der traditionellen
chinesischen Medizin ist der Nabel im Meridiansystem und in der Akupunktur ein wichtiger Punkt zum Unterstützen der Mitte und wird da „Shen
Que" genannt. (126) „Shen" bedeutet „Geist" und „Que" „Palast".
Die Heso-Technik hat Ähnlichkeit mit der 3. Technik des Shoden, der „Tanden Chiryo", die zum Aufladen des Tanden-Energiespeichers im Bauchraum verwendet wird. Bei der Tanden Chiryo wird die eine Hand allerdings
flach auf den Bauchnabel gelegt und zusätzlich wird die andere Hand
hinten auf dem Rücken gegenüber dem Bauchnabel auf der gleichen Höhe
zwischen dem 2. und 3. Lendenwirbel körpermittig im tiefsten Punkt des
Hohlkreuzes platziert. Dort befindet sich das Ming Men, die „Lebenspforte",
das „Tor des Lebens". Das ist der Speicherort des Nieren-Chi. Diese beiden
Reikitechniken wurden in späteren Zeiten auch manchmal miteinander
kombiniert. Dann wird vorn der Mittelfinger in den Bauchnabel gelegt und
hinten die andere Hand flach aufgelegt.

Bei der Heso Chiryo setzt man seine Mittelfingerspitze von oben vorsichtig
auf den Nabel. Wenn sich der Nabel entspannt, kann man mit dem Finger
oft noch ein klein wenig mehr in das Nabeltal rutschen. Nun lässt man über
den Finger Reiki fließen. Dabei kann man den Mittelfinger beugen und die
anderen Finger und die Handfläche auf den Bauch ablegen. In der Regel
wird der Mittelfinger der rechten Hand aufgelegt, mit dem linken geht es
aber genauso gut. Ist ein Tier oder Mensch am Nabelbereich empfindlich,
dann kann man dort als Erstes die Hand sanft flach auflegen. Nach einer
Weile hebt man sie an und setzt erst dann den Mittelfinger von oben auf den
Nabel auf. Die andere Hand wird bei dieser Technik nicht eingesetzt.
Es gibt keinerlei Zeitvorgabe für die Dauer einer Behandlung.

Säugetiere haben keine Nabelvertiefungen wie die Menschen. Pferde, Kühe, Hunde, Katzen und Kleintiere haben an der Stelle normalerweise eine ebene Narbe unter dem Fell. Auch Vögel und Reptilien, die im Ei über eine Nabelschnur zwar nicht mit der Mutter, aber mit dem Eidotter verbunden waren, haben dort eine Narbe. (127) Bei Krokodilen, die Eischlüpfer sind, ist sie sehr deutlich auf der Haut und später auf dem Leder zu sehen.

Bei Kleintieren ist der Nabel unterhalb des Brustkorbes. Bei Hündinnen liegt er meist zwischen zwei Brustwarzen. Bei Pferden befindet sich der Nabel nah vor dem Euter beziehungsweise vor dem Schlauch. Bei manchen Pferden und Hunden ist er durch einen Fellwirbel gekennzeichnet. Ein Teil der Hündinnen und Hunde hat eine kleine Nabelwölbung, die ihnen nichts auszumachen scheint. (128) Bei manchen findet man nach längerem Abtasten ein Hügelchen unter einem dichten Fell. Eine Bekannte, die im Tierschutz tätig ist, meinte, rund ein Drittel der von ihr betreuten Hunde hatte eine „Nabelerbse". Die wenigsten schienen damit ein Problem zu haben.

Da sie aber die Folge eines Nabelbruchs sein könnte, der zu einer ernsthaften Erkrankung und Kolik führen kann, sollte das sicherheitshalber tierärztlich abgeklärt werden. Insbesondere dann, wenn es eine neu entstandene Vorwölbung ist, das Tier erbricht, dort Schmerzen hat, man dort das Vorgewölbte eindrücken kann oder diese Stelle beim Bellen und Aufstehen größer wird. (129) Denn das deutet auf einen Nabelbruch hin. Nach der medizinischen Versorgung kann die Hesotechnik gut beim Abheilen helfen.

Die Nabelstelle kann bei Welpen und Fohlen in den ersten Tagen und Wochen nach der Geburt auch präventiv mit der Hesotechnik gegen einen immer wieder mal vorkommenden Nabelbruch mit Reiki bedacht werden.

Zu beachten wäre dabei: Wenn man Welpen am Bäuchlein den Reikifinger auflegt und sie nach kurzer Zeit entspannt wegnicken, dann kann man leicht einen Zuckerschock bekommen, weil sie dabei so süß aussehen.

Es lohnt sich, diese Technik gleich einmal bei sich selbst auszuprobieren. Dafür lege die Hand unter die Kleidung flach auf den Nabel, entweder auf das Unterhemd oder direkt auf die Haut. Würdest du deine Hand jetzt so liegenlassen, wäre das eine Direktbehandlung. Für die Technik Heso legst du nun ganz sanft von oben senkrecht die Mittelfingerspitze in den Bauchnabel. Das nur so weit, wie das von ganz allein geht. Bei Bedarf wird nun durch den Mittelfingermeridian Reiki in den Nabelbereich fließen und natürlich auch in das darunter liegende Gewebe und zum Tanden.

Legt man die Hand flach auf diese Bauchregion auf wie bei einer gezielten Direktbehandlung, dann würde ebenfalls Reikienergie fließen. Aber fast alle, die an verschiedenen Wochenenden in meinem angebotenen Aufbauseminar „Die Reikitechniken von Mikao Usui" das flache Handauflegen und die Hesotechnik ausprobiert hatten, bemerkten einen Unterschied. Einige Feedbacks der Teilnehmenden dazu:

„Bei der Nabelbehandlung mit der ganzen Hand wurde es angenehm warm. Aber mit dem Mittelfinger war es so, als würde sich eine Sonne in meinem Bauch ausbreiten.", „Beim Handauflegen wurde es mir warm, aber beim Fingerreiki wurde ich glücklich." Zwei Freundinnen legten sich zum Testen der Wirkung als Erstes die Hände gegenseitig auf den Nabelbereich. „Das war ein angenehmes Gefühl." Für die Hesotechnik platzierten sie sich auf zwei nebeneinanderliegenden Matratzen, legten dann gegenseitig ihre Mittelfinger vorsichtig in den Nabel der anderen und schlossen die Augen. Nach einiger Zeit blickte ich zufällig in ihre Richtung – die beiden lächelten selig und strahlten wie zwei Honigkuchenpferdchen. Sie meinten später: „Das war unbeschreiblich!" Eine Teilnehmerin schrieb mir nach dem Aufbauseminar: „Ich schlafe seit unserem Seminar jetzt öfter mit dem Mittelfinger im Bauchnabel ein. Das ist sooo kuschelig …"

Bei Tieren wird es bestimmt auch einige geben, die man mit einer Heso glücklich machen kann.

Barbara, die in meinem Onlinekurs die Heso-Technik lernte, berichtete mir später in einer Mail: „Ich habe hier bei einer Eselin gerade die Bauchnabel-Technik gemacht. Sie war dabei so schmusig und es tat ihr gut."

Zur Verwendung des Mittelfingers bei der Reikimethode

Mikao Usui hat die Reikienergie auch über seine Fingerspitzen weitergegeben. (130) Das ist so auch in seinem Handbuch Hikkei beschrieben. (131) Im Buch „Das Original-Handbuch des Mikao Usui" von Frank A. Petter, das Teile des Hikkei auf Deutsch enthält, gibt es entsprechende Fotos dazu. Im Jahr 1933 erschien in Japan das Buch „Reiki To Jinjutsu – Tomita Ryu Teate Ryoho", „Reiki und die humanitäre Kunst der Heilmethode – Die Tomita-Methode des Handauflegens" von Kaiji Tomita. In dem Buch wird die Reikibehandlung mit dem Mittelfinger detailliert auf Grafiken und Fotos abgebildet. (132) Kaiji Tomita hatte bei Mikao Usui ungefähr ab 1925 Reiki erlernt. Nach dem Tod von Mikao Usui im Jahr 1926 gründete er seine eigene Reiki-Gakkai. Über seine Linie wurden Zehntausende Schülerinnen und Schüler unterrichtet. (133)

Meine Reikilehrerin Hiroko Kasahara, bei der ich im Jahr 2006 die Techniken, die Mikao Usui unterrichtete, im Einzelunterricht erlernte, gab mir damals Kopien zu der Behandlung mit dem Mittelfinger aus diesem Buch mit. Einige Auszüge und Fotos mit Übungen aus diesem über neunzig Jahre alten Buch sind bei www.Reiki-fuer-Tiere-Seminare.de im Blog bei „Handbücher" abgebildet. Kaiji Tomitas Buch enthält auf seinen rund dreihundert Seiten unter anderem Fallstudien, die Hatsurei-Ho-Technik, Handpositionen für Krankheiten sowie Fotos aus der damaligen Zeit von der Behandlung liegender und sitzender Kranker.

„Mikao Usui behandelte außer bei gepaarten Organen wie Ohren, Lunge und Nieren meist nur mit seiner rechten Hand, und zwar in einer Weise, dass das mittlere Feld seines Mittelfingers die zu behandelnde Stelle sanft berührte. Hierbei bildete er wohl oft mit Zeigefinger und Daumen seiner linken Hand einen Kreis." (134)

Von der Brust über den Arm zur Handmitte und weiter über den Mittelfinger bis zum Mittelfingerende verläuft der Perikardmeridian. Auf der Mitte der Handfläche befindet sich außerdem das „Laogong"-Areal, das in der traditionellen chinesischen und japanischen Medizin zum Weitergeben von Energie genutzt wird. In der Mitte des mittleren Gliedes des Mittelfingers liegt der in der altchinesischen Medizin bedeutsame Punkt „Zhongkui". (135) Dieser Punkt kann, genauso wie das „Laogong"-Areal in der Handflächenmitte oder das Mittelfingerende, sehr gut zum Weitergeben von Energie verwendet werden. So wie es Mikao Usui tat.

Die Weitergabe der Reikienergie über die Füße

Die Reikienergie kann nicht nur über die Handflächen und Finger sowie mit den von Mikao Usui gelehrten Techniken Gyoshi-Ho und Koki-Ho auch über die Augen und den Atem weitergegeben werden, sondern auch über die Energiebahnen der Fußsohlen. Nach dem Erdbeben im September 1923 in Tokio mit Hunderttausenden Verletzten behandelte Mikao Usui manchmal gleichzeitig vier bedürftige Menschen mit seinen zwei Händen und seinen zwei Füßen. (136)

Eine Bekannte von mir stieß ganz zufällig auf diese Möglichkeit:

Sie saß eines Tages gemütlich auf dem Sofa und gab ihrer Katze, die auf ihrem Bauch saß, Reiki. Als ihr Kater sich zu ihren Füßen niederließ, bemerkte sie plötzlich, dass aus ihren Füßen die Reikienergie zu dem bedürftigen Kater hinströmte. In den nächsten Tagen probierte sie das noch mehrmals aus, es klappte immer. Sie freute sich über ihre Entdeckung, dass sie nun parallel mit Händen und Füßen behandeln konnte. Denn dadurch brauchte bei entsprechender Reikilust nicht mehr die Katze den Kater oder der Kater die Katze unter ihren Händen wegzudrängeln, sondern beide konnten zur gleichen Zeit Reiki bekommen.

3. Tanden Chiryo zum Aufladen des Tanden-Energiespeichers

Das Tanden ist laut der alten chinesischen Medizin ein feinstofflicher Energiespeicher. Es gibt drei Tanden, sie liegen im Oberschädel, im Brustkorb und im Bauch. Bei dieser Technik wird das untere Tanden im Bauch behandelt. „Chiryo" heißt „Behandlung". Das japanische Wort „Tanden" wurde abgeleitet vom chinesischen Wort „Danten" beziehungsweise „Dantian", das „Zinnoberfarbiges Reisfeld" bedeutet. (137) Im alten China war die tiefrote, edle Zinnoberfarbe hoch angesehen. Im asiatischen Raum gilt der Reis als Symbol für Lebensenergie. (138) In den Schriftzeichen für „Reiki" kommt ebenfalls das Schriftzeichen „Reis" als Synonym für Lebensenergie vor. Ein ganzes Feld mit Reis, das noch dazu so tiefrot ist, dass es aussieht, als ob es glüht, bedeutet unglaublich viel Lebenskraft. (139)

Das Zentrum des unteren Tanden liegt zwei Fingerbreit unterhalb des Bauchnabels in dem vorderen Drittel des Bauches, im sogenannten Hara. „Hara" wird im japanischen Alltagsgebrauch mit „Bauch" übersetzt und meint den anatomischen Körperbereich vom Magen bis zum Unterleib. (140) In dem Hara, dem Bauchraum, befindet sich neben den feststofflichen Organen auch das feinstoffliche Tanden.

„Ein Fingerbreit", ein „Cun", ist eine individuell ausfallende chinesische Maßeinheit, die bei der Akupunktur verwendet wird, um anhand von Aufzeichnungen einen Akupunkturpunkt auf dem Körper zu lokalisieren. Mit „ein Cun" ist die Breite des Daumengelenks gemeint. Das Cun kann ungefähr 1,5 bis 2,5 Zentimeter messen. (141) Misst man am eigenen Körper mit dem eigenen Finger, dann stimmen die Angaben in den Akupunkturschriften immer mit den Maßen beim Körper überein. Misst man dagegen als Akupunkteurin oder Akupunkteur mit dem eigenen Daumen bei anderen, dann kann das eventuell nicht mehr übereinstimmen. Deshalb muss man seine eigene Fingerdicke erst mit der Fingerdicke der zu behandelnden Person abgleichen, ehe man an deren Körper misst. Sonst kann je nach der Dicke des eigenen Fingers und der Größe des anderen aus einem „zwei Fingerbreit" schnell mal ein „drei Fingerbreit" werden. Aus diesem Grund steht in der Literatur als Ortsangabe für das Tanden manchmal „zwei bis drei Fingerbreit unterhalb des Bauchnabels" oder nicht für jeden passend „zwei bis drei Zentimeter unterhalb des Bauchnabels". Es wären rund drei Zentimeter und bei dicken Daumen bis fünf Zentimeter.

Darüber hinaus steht „Hara" auch noch für ein übergeordnetes Energieprinzip, bei dem man „aus dem Hara heraus" die eigenen Kräfte leitet und damit vergrößert. (142) Dieses Prinzip stammt ursprünglich aus China. In den traditionellen chinesischen, japanischen, laotischen und vietnamesischen Künsten und Kampfkünsten sowie für Alltagsarbeiten im Haus und Hof gab und gibt es viele Übungen, um das Hara zu stärken, denn was gut werden soll, „muss immer mit Hara geschehen." (143) „Gleich welche Übung man wählt, ob es um Blumenstecken, Kampfkunst, Zen oder das Sitzen geht, nie wird eine Technik ohne Hara geübt." (144)

Mikao Usui unterrichtete im Shoden und Okuden insgesamt achtundzwanzig Techniken. Von diesen unterstützen allein drei Techniken gezielt das Tanden. Das ist die Atemtechnik „Joshin Kokyuu", die Nabelbehandlungstechnik „Heso" und die Technik „Tanden Chiryo". Das Tanden und der Bauchraum werden noch bei drei weiteren Techniken bedacht, nämlich bei der Entgiftungstechnik „Gedoku", der Fiebersenktechnik „Genetsu" und der Ursachenbehandlungstechnik „Byogen".

Bei der Tanden-Technik wird eine Hand auf den Bauch über das untere Tanden und die andere Hand auf gleicher Höhe auf den Rücken gelegt, bis das Tanden im besten Fall wieder vollständig mit universeller Energie aufgefüllt ist. Die Hände können auch schwebend über der Haut, dem Fell oder den Federn gehalten werden. Je nach Bedarf kann die Behandlung zehn bis neunzig Minuten oder auch mehrere Termine andauern. Wohl Mikao Usui gab die Empfehlung, dass man so lange behandeln sollte, bis sich die Hände „von selbst vom Körper abheben." (145)

Das Phänomen des „Abhebens" der Hand lernte ich in den 1990ern bei Übungen im Kung-Fu-Training kennen. Dabei ging es um das Wahrnehmen des Chi in den Tandens der anderen Mitmachenden. Bei denjenigen, die viel Chi hatten, kamen wir mit unseren sich langsam ihrem Bauch nähernden Händen nur schwer direkt auf den Bauch, weil deren Chi-Power auf natürliche Weise unsere Hand von dem Körper wegdrückte. Ein Mensch oder ein Tier mit sattem Chi hat eine kräftige Aura, ein gutes Standing und strahlt wahrnehmbar Energie nach außen.

Ein ehemaliger Seminarteilnehmer erzählte mir, dass er dem Dalai Lama ein Geschenk machen wollte, weil der ihn so inspirierte. Er überlegte sich, ihm Reiki anzubieten. Er druckte sich ein Foto mit dem Dalai Lama ohne weitere

Personen aus, auf dem neben ihm noch rund drei Meter von dem Raum, in dem er sich aufhielt, zu sehen waren. „Ich legte meine Hände auf diese Seite vom Foto und sagte innerlich zu ihm auf der anderen Seite des Fotos, dass er sich gern an der Energie bedienen könne, sie sei mein bescheidenes Geschenk für ihn. Ich dachte, er kann das bestimmt gebrauchen. Aber es kam ganz anders. Ich hatte das Gefühl, er brauchte das gar nicht, denn da war so viel Energie! Es war eher so, dass er mir Energie schenkte!"

Wenn genug Chi im Tanden ist, dann hat man das Gefühl, es gibt für die Reikihände dort nichts mehr zu tun und man kann sie wegnehmen. Dann heben sich die Hände sozusagen wie von selbst vom Körper ab.

Die Tanden-Technik ist ideal für Tiere, die aktuell oder chronisch zu wenig Energie haben. Das kann ein krankes oder ein altes Tier sein, aber genauso gut auch ein gesundes Tier, das eine schwere Zeit hinter sich hat, die ihm viel Lebenskraft kostete. Sie kann auch nach einem stressigen Pensionsaufenthalt oder nach der Reise aus dem Ausland im Tiertransporter zu dem neuen liebevollen Für-immer-Zuhause hier in Deutschland hilfreich sein. Die Technik unterstützt ebenfalls bei der Rekonvaleszenz sowie bei allen Situationen, in denen das Energielevel gesunken ist.

Tiere haben genau wie die Menschen, die in der Biologie ebenfalls als Säugetiere gelten, ein Meridiansystem und damit ebenfalls das Tanden und das Ming Men. (146) In China gibt es zweitausend Jahre alte Aufzeichnungen vom Meridiansystem und den Akupunkturpunkten bei Tieren. (147)

Bei der Tanden-Technik nimmt man das Tanden quasi zwischen seine Hände und kann dadurch ganz gezielt etwas für eine Energiesteigerung tun. Gleichzeitig erhält durch die Hand auf dem Rücken auch noch der Lebensenergiespeicher Ming Men bei den Nieren Energie. Das Ming Men, die „Pforte des Lebens und der Kraft", liegt gegenüber dem Bauchnabel hinten beim zweiten und dritten Lendenwirbel. Das ist dort, wo die Hand aufliegt. Das Ming Men versorgt alle Organe mit feinstofflicher Energie. (148) Das Ming Men befindet sich auf dem Yang-Meridian „Du Mai", der vom Damm über den Rücken und Kopf zur Oberlippe geht. Auf der Vorderseite von der Unterlippe über den Nabel zum Damm verläuft der Yin-Meridian „Ren Mai". (149) Bei der Tanden-Technik werden deshalb auch das Yin und das Yang ausgeglichen. Die beiden Handpositionen sind also sehr klug gewählt.

Als ich Susi im März aus einem liebevoll geführten Tierheim in der Nähe aufnahm, war sie dreizehn Jahre alt und hatte Herz- und Rückenprobleme und andere kleine Baustellen. Als ich zwei Tage später auf dem Sofa sitzend bei einer Tanden-Behandlung ihren Bauchraum zwischen meinen Händen hielt, da dachte ich nur: „Ohje, sie fühlt sich ja an wie ein hohler Vogel." Ich hatte das Gefühl, das Außen funktioniert gut, aber mit der Energie innen drin schien es nicht weit her zu sein. Die gleiche Wahrnehmung hatte ich schon einmal bei der Behandlung einer Frau gehabt, die unter einem Burn-out litt. Die Frau war nicht körperlich krank gewesen, aber in ihr schien eine Leere zu sein und ihr Energiehaushalt fühlte sich nach einem großen Erschöpftsein an.

Susi hatte ein Jahr lang im Tierheim gelebt. Ihr Halter war krank geworden und musste sie deshalb abgeben. Weil sie den erneuten Umzug hierher nicht vertragen hatte, bellte sie drinnen stundenlang und auch draußen kopflos bei jedem Hund und Menschen. Ich gab ihr die ersten zwei bis drei Monate jeden Tag rund zwei Stunden Reiki und sie erhielt auch über unser Fernreiki-Tierprojekt von uns Frauen mehrere Male Fernreiki. Langsam wurde es bei ihr besser, so dass ich in den nächsten Monaten nur noch rund eine Stunde Reiki täglich machte. Im vierten Monat wurde ich auf der Straße mehrfach angesprochen, wie sehr sie sich doch von ihrer grauen Ausstrahlung hin zu einem gesunden Aussehen entwickelt hätte. Da war sie also auch für andere wahrnehmbar aus dem Zustand mit wenig Energie in ein Energieplus gerutscht. Im August, nach einem halben Jahr mit viel Reiki, waren ihre Herzwerte top und ihre Bandscheiben kein Thema mehr. Meine eine Lieblingstierärztin konnte kaum glauben, dass bei einer vierzehnjährigen Hündin beim großen geriatrischen Blutbild von vierzig Parametern achtunddreißig voll im Limit lagen und nur zwei Nebensachen ganz leicht darüber. Aber so war es. Susi zeigte auch kein Stressverhalten mehr und sie fand ihr neues Zuhause bei mir mittlerweile toll. Machte ich nun eine Tanden-Behandlung, dann schien es mir propper gefüllt.

Sie bekam ab da aber trotzdem weiterhin so aller ein bis zwei Tage eine halbe Stunde präventiv Reiki beim gemeinsamen Sitzen auf dem Sofa. Denn das ist leicht gemacht und noch dazu kostenfrei. Ich richtete mich da nach der alten Volksweisheit: „Besser vorsorgen als sich später sorgen." und wollte lieber vorsorglich ihr gutes Energielevel erhalten.

In der chinesischen Medizin heißt es: „Alle Krankheit hängt mit dem Zustand des Qi zusammen." (150) Es wird davon ausgegangen, dass das Ursprungs-Qi, das Menschen und Tiere bei der Zeugung mitbekommen und im Ming Men bei den Nieren gespeichert ist, nur verbraucht, aber nicht nachgefüllt werden kann. (151) Aber das universelle Chi im gesamten Körper kann jederzeit aufgefüllt werden und in den Tanden gespeichert werden. Wird das regelmäßig getan, möglichst täglich, dann fühlt man sich gut, der Körper hat genügend Energie und gleichzeitig wird kaum etwas von der Energie des Ursprungs-Chi verwendet. Das wiederum führt zu einem langen und gesunden Leben. (152)

Zwei Jahre nach Susis Einzug dachte ich vor einem Reikiseminar, ich könnte für das Üben der Fernreikitechnik ein Foto von Susi mitnehmen. Nötig hatte sie es wohl nicht, aber ein bisschen Wellnessreiki könnte ihr bestimmt gefallen. Die Teilnehmerin schrieb mir danach: „Ich kannte ja die Hündin nicht und hatte bei dem Seminar nur meine Hände auf das Foto von ihr gelegt. Ich fand es sehr interessant, dass ich mich dabei so wohl gefühlt habe und so viel Wärme und Liebe von ihr empfing."

Ich prüfte ab und an bei Susi mit einer Tanden Chiryo nach, ob sie reichlich Energie hatte. Hatte sie. Als sie siebzehn Jahre alt war, meinte meine andere Lieblingstierärztin bei einem Check-up, dass sie solch einen fitten alten Hund mit so guten Herzwerten bisher noch nie auf ihrem Untersuchungstisch gehabt hatte.

Die drei Energiearten zum Decken des Energiebedarfs

Der ganze Tag besteht im Prinzip aus A-, B- und C-Situationen.
Deren Unterschiede können wir genau wahrnehmen:
Eine A-Situation schenkt Energie, man fühlt sich danach besser.
Eine B-Situation wirkt neutral, man verliert oder gewinnt keine Kraft.
Eine C-Situation nimmt Energie, man fühlt sich danach kraftloser.
A, B oder C kann eine Begegnung, ein Ort, ein Buch, ein TV-Beitrag, das Wetter, ein Geschenk, ein Satz, einfach alles sein. Mit einer C-Situation ist weniger der körperliche Energieverbrauch wie bei einer Bergwanderung gemeint, bei der man sich am Ende müde und hungrig, aber zufrieden fühlt, sondern ein nervender Stop-and-Go-Stau durch die Stadt oder ein Tag im lauten Großraumbüro mit unangenehmen Anrufen.

Lebewesen können über drei Energiearten ihren Energiebedarf decken:

a) Über die Ursprungs-Energie

In China wird diese Energieart das „Nieren-Chi" genannt. In den europäischen Mythen gibt es dafür das Sinnbild des „Lebenslichts":

In einer Höhle brennen Abertausende Kerzen. Manche Kerzen sind gerade neu entzündet worden und hoch, bei mancher fast aufgebrauchten Kerze flackert nur noch das ersterbende Licht. Es wird die über alle Lichter wachende Gestalt gefragt, was diese Kerzen wohl bedeuten? „Das sind die Lebenslichter der Menschen. Die hohen Kerzen sind die der Neugeborenen und die nur noch flackernden sind die der Schwerkranken. Wenn durch das Leben alles Wachs der Kerze aufgebraucht ist, dann verlöscht sie ..."

Arbeitet jemand über Jahre schwer körperlich oder hat über lange Zeit eine Menge Stress ohne eine wirkliche Erholung inklusive einem Aufladen der Energie und auch der Batterien, dann wird viel von dieser eigenen Energie verbraucht. Dann fängt man an, sich „ausgebrannt", „verbraucht", „zehn Jahre älter" oder „ausgepowert" zu fühlen.

b) Über die Umgebungs-Energie

Die kann aus der Umgebung aufgenommen werden. Entweder über die Energie des Umfeldes wie die von einem Wald, einem Strand, von einem Kraftplatz oder einer schönen Wohnung. Ebenso über gute, energiereiche Nahrung, bei der Freude über ein Geschenk oder über lobende Worte. Auch über das unbewusste oder bewusste Energiebekommen oder Energiewegnehmen von Anderen. Ist man in einer schönen Runde, vermehrt sich automatisch bei allen die Energie. Bei einem Streit verlieren alle Beteiligten Energie. Bei einer Machtdemonstration vermehrt sich nur die vom Chef oder vom Reiter, die der Angestellten oder die des Pferdes sinkt.

Die gewonnene Energie, die beispielsweise durch einen Aufenthalt im Garten, bei Yoga- und Qigong-Übungen, bei Waldspaziergängen oder durch Dankbarkeit, Lieben und Geliebtwerden, entsteht, kann in allen Zellen und auch in den drei Tandens gespeichert werden. Die Energiemenge, die man aufnehmen kann, und auch die Speicherkapazität der drei Tanden kann durch Praktizieren und Training erweitert werden. Bei Menschen ist ein normales Bauchtanden ungefähr kirschgroß, ein über viele Jahrzehnte stetig aufgeladenes und bewusst trainiertes Tanden kann grapefruitgroß werden.

c) Über die Energie des Universums, das kosmische Chi

Diese universelle Energie der Fülle können wir ebenfalls aufnehmen und speichern. Sie steht uns überall und jederzeit im unbegrenzten Maß zur Verfügung. Selbst wenn man in einer emotionalen Besprechung sitzt oder in einer Gefängnisbetonburg, sich in der vollen S-Bahn oder als Hund in einem Hundezwinger ohne Grün und Sonne befinden würde – man ist immer mit ihr verbunden und kann immer von ihr nehmen wie von einem reich gedeckten Büfett. Nichts und niemand kann das verhindern. Diese Quelle ist vollkommen unabhängig von Orten, Menschen und Situationen.

Nutzt man mehr b) und c), dann verbraucht man weniger von a).

Jedes Lebewesen ist immer inmitten dieser universellen Energie, da sie in jeder Körperzelle ist und in Allem auf der Erde und im Kosmos. Durch die Reikieinstimmung ist man ab da verstärkt an die universelle Energie angeschlossen und kann sie damit auch verstärkt weitergeben.

Nach vielem Üben konnten wir beim Qigong- und Kung-Fu-Training ebenfalls ganz gut die universelle Energie weitergeben. Pausierten wir aber mit dem Training, dann wurde diese Fähigkeit wieder weniger. Das ist normal und spiegelt sich auch in der Bezeichnung wider. Das Wort „Qi" wird mit universelle „Lebensenergie" übersetzt, „Gong" mit „beständiges Üben", „Arbeit" oder „Mühe". „Qi Gong" bedeutet „Beständiges Üben mit dem Qi" oder „Stetes Arbeiten an der Lebensenergie". (153) Bei der Reikimethode erhält man diese Fähigkeit ohne ein Üben infolge der Einstimmung beim 1. Grad und behält sie auch nach monate- und jahrelangem Pausieren. (154) Deshalb kann man schon mit dem ersten Grad, und sogar ohne das Sofa verlassen zu müssen, durch eine Behandlung das Energielevel erhöhen. Und als wenn das nicht schon Wunder genug wäre, kann man noch dazu ganz einfach nur durch ein schlichtes Handauflegen so verstärkt die universelle c)-Energie weitergeben, dass selbst schwere, chronische Krankheiten besser werden können und sich Verhaltensauffälligkeiten auflösen!

Aus einer Mail von Heidi: „Seit dem Tag, an dem ich in den 1. Grad ausgebildet wurde, gebe ich meiner Katze Stupsi, wenn sie kommt oder neben mir liegt und es sich gefallen lässt, Reiki. Manchmal liegt sie auch in der Küche breit auf dem Tisch. Dann ist natürlich auch Reiki für ein paar Minuten angesagt. Sie bekommt hauptsächlich im hinteren Bereich ober-

halb vom Schwanz und Hüfte von mir Reiki. Die ersten drei, vier Male wollte sie das nicht und ging weg. Nach drei Wochen durfte ich dann endlich meine Hände auch auf ihren Bauch legen. Seitdem sie vor neun Jahren zu uns kam, hatte sie harten Stuhl. Nach vier Wochen Reiki wurde der Stuhl normal. Außerdem sieht man jetzt, nach drei Monaten Reiki, auch kaum noch etwas von ihren ehemals kahlen Stellen an den Flanken."

Die Tandentechnik kurbelt die Lebensenergie an und füllt das Lebensenergiedepot auf. Das Tanden als Energiespeicher ist wie ein Portemonnaie für die täglichen Ausgaben und gleichzeitig wie ein Sparbuch. Es stellt die Energie für den täglichen Verbrauch bereit, alles darüber hinaus wird eingespeichert. Zum Einspeichern muss selbstverständlich mehr Energie hinzukommen, als im Alltag verbraucht wird.

Möchte man sein Energielevel durch Reiki erhöhen, dann kann man natürlich auch die einstündige Ganzkörperbehandlung nehmen. Aber nicht alle finden tagsüber die Zeit, in der sie für sich sein können. Die Tanden-Technik ist da wesentlich alltagskompatibler, denn die Hände nach der Arbeit im Bus oder auf der stressigen Familienfeier während der Kaffeetafel zwischendurch mal auf den Bauch zu legen, ist ganz unauffällig möglich. Außerdem ist diese Technik extra für das gezielte Energieauftanken gedacht.

Eine Bekannte meinte: „Ich liebe die Tanden-Behandlung, weil sie so praktisch ist! Ich nenne sie die „Tantchen-Behandlung". Im Winter, als es schon mehrere Tage lang nasskalt war und der Pferdepaddock voller Pfützen und mein Pferd davon den Blues hatte, habe ich sie bei ihm gemacht. Seine Körperhaltung veränderte sich währenddessen. Die Ohren begannen zu spielen und er richtete sich auf.

Seitdem ich sie immer wieder auf Arbeit mache, komme ich auch viel besser durch den Tag. Wenn niemand im Zimmer ist, mache ich sie hinten und vorn. Bei Besprechungen lehne ich mich zurück, schiebe meine Finger locker ineinander und lege mir die Handflächen auf. Wie man die Finger hält, ist dabei egal, sie sind doch nur die Anhängsel der Handflächen. Die Energie kommt ja aus den Handflächen. Ich bemerke jedenfalls keinen Unterschied, ob ich die Hände nebeneinander auf den Bauch auflege oder die Finger leicht verschränke. Bei den Telefonaten auf Arbeit oder abends beim Buchlesen lege ich mir nur die eine Hand vorne auf die Bauchposition auf. Das tut mir gut. Und halb so viel ist immer noch besser als nichts."

Drei Tipps zur Tanden-Technik:

~ Sollte ein Tier keine Hand auf seinem Bauch mögen, dann bleibt es erst einmal bei der einen Hand hinten auf der Rückenposition. Oder man legt beide Hände hinten nebeneinander auf. Oder die eine Hand auf die Rückenposition und die andere einfach noch zusätzlich auf den Rücken über das mittlere Tanden am Herzen. Hat sich das Tier an die Hände gewöhnt, dann kann man versuchen, die eine Hand auf die Bauchnabelposition zu schieben. Oder man hält sie schwebend darüber.

~ Ist es bei einem Pferd oder einer Kuh von der eigenen Armlänge her unmöglich, gleichzeitig beide Positionen zu bedienen, dann würde man seine Hände, wenn das Tier das zulässt, wohl eher nur schwebend über dem Fell am Bauch über dem Tanden halten oder sie dort auflegen.

~ Diese Technik kann – und das gilt für alle Reikitechniken – bei scheuen oder nervösen Tieren auch gemacht werden während eines Kraulens, beim Zerlegen eines Kauknochens, beim Grasen oder während das Tier schläft. Ebenso beim Aufwachen aus seiner Sedierung oder wenn man während einer Autofahrt das Tier gerade auf dem Schoß hat.

4. Gedoku-Ho

Das Wort „Ge" heißt „senken", „Doku" bedeutet „Gift" oder „Schadstoff" und „Ho" „Technik". Gedoku-Ho ist eine Entschlackungs- und Entgiftungstechnik. Sie hat die gleichen Handpositionen wie die Tandentechnik. Bei Gedoku-Ho liegt die eine Handflächenmitte zwei Fingerbreit unterhalb des Bauchnabels über dem Zentrum des Tandens. Die andere Handfläche liegt auf dem Rücken auf der gleichen Höhe. Nun wird visualisiert, wie alles Disharmonische und auch alle Toxine den Körper verlassen.
Dieses Visualisieren unterscheidet Gedoku-Ho von der Tandentechnik.

Die Reikienergie wirkt immer ganzheitlich, also sowohl auf die körperliche als auch auf die energetische Ebene. Deshalb kann sich bei Gedoku-Ho etwas sicht- oder hörbar im Körperlichen tun. Zum Beispiel beginnt es sich im Verdauungstrakt zu bewegen oder die gelösten Stoffwechselprodukte werden im Anschluss ausgeschieden. Manchmal fängt es deshalb im Bauch der Tiere an zu gluckern oder sie haben Winde oder müssen während oder nach einer Behandlung plötzlich urinieren, bekommen Stuhlgang oder äppeln ab. *Ein Freund behandelte einmal den Hund seiner Bekannten. Die beiden waren Kneipenwirte und ihr Hund war während der Öffnungszeiten immer mit dabei und begrüßte die Gäste. Da der Hund zu dieser Zeit leichte Verdauungsprobleme hatte, legte er ihm in der Kneipe die Hände auf. Nach ein paar Minuten fing der Hund an zu pupsen. Es hörte gar nicht mehr auf. Um die Gäste nicht zu irritieren, behandelte er ihn im Nebenraum weiter, bis sich alles gelöst hatte.*

Mithilfe der Gedoku-Ho kann auch ein energetisches Auflösen stattfinden. *Bei einem Reikiseminar nahmen drei Frauen teil, die Auren sehen konnten. Sie wollten gern wissen, was bei dieser Technik passiert. Deshalb setzten sie sich im Abstand von einigen Metern zu der behandelten Person, um sie gut sehen zu können. Die drei meinten hinterher übereinstimmend, dass man in deren Aura sah, wie aus dem Körper unten zuerst etwas mit einer giftgrünen und danach mit einer dissonanten, dunkelbraunen Farbe herauskam und auf Nimmerwiedersehen verschwand. Dann kam ein „feinstofflicher Durchfall" mit kleinen und größeren Klumpen. Danach kam nichts mehr. Die drei Frauen waren von der Wirkung der Gedoku-Ho beeindruckt.*

5. Die Byosen-Technik

Die Wörter „Byo"-„Sen" können mit „kranke" „Drüse" übersetzt werden.
Bei Mikao Usui war das Erfassen des Byosen keine Extratechnik, sondern
Teil der Behandlung. Sie wurde erst später als Technik bezeichnet.

Sie ist keine Behandlungstechnik, sondern eine Technik zum Erfassen der
Frequenz, die ein Körperbereich ausstrahlt. Dabei kann sowohl eine har-
monische als auch eine disharmonische Ausstrahlung wahrgenommen werden, letztere mit verschiedenen Abstufungen. Mit Hilfe dieser Technik ist
es möglich festzustellen, welcher Körperbereich ein Problem hat und wie
schwerwiegend das für den Körper ist, aber auch, welche Körperbereiche
vital sind. Denn Byosenwahrnehmungen können auch auf positive Aspekte
hinweisen, wie auf eine unbeschwerte Schwangerschaft. Da der Körper
systematisch mit der Hand wie mit einem Scanner nach Problemen abgesucht wird, hat sie auch den Namen „Scan-Technik". In der Usui-Reiki-
Gakkai wird sie bis heute auch „Hibiki-Technik" genannt. „Hibiki" heißt
„Schwingung". (155)

Im ersten Schritt wird mit der Hand der Körper oder einzelne Körperbereiche
nach Auffälligkeiten abgesucht. Dabei bewegt man seine Hand oder auch
beide Hände langsam in wenigen Zentimetern Abstand möglichst dicht über
den Körper. Dabei wird die Hand senkrecht mit der Handkante zum Körper
hin oder flach waagerecht gehalten. Je nachdem, wie man mehr wahrnimmt.
Genauso individuell ist, ob es mit der linken oder der rechten Hand besser
geht und auch wie schnell man vorgeht. Es macht keinen Unterschied, ob
man vom Kopf zu den Füßen oder von den Füßen hoch zum Kopf abscannt.
Bei einem Ganzkörperscan wird meist am Kopf angefangen und dann bei
Menschen auf der Vorderseite über den Körper über die Hüfte bis zu den
Füßen hinunter gescannt, dann werden noch die Arme gemacht und bei
Bedarf auch der Rücken. Sowohl beim Vorderkörper als auch beim Rücken
wird man wegen der Körperbreite eine Bahn auf der linken Körperseite,
eine Bahn in der Körpermitte und eine an der rechten Körperseite von den
Schultern bis zum Oberschenkelbeginn hinunterziehen.

Bei Tieren geht man aufgrund der Anatomie zuerst eher vom Kopf über
den Rücken und der Hüfte bis zu den Hinterbeinen und macht dann die
Vorderbeine und auf Wunsch auch noch die gesamte Unterseite. Je nach
Körpergröße wird man bei Kleintieren ab den Schultern eine Bahn auf

der linken Körperseite und eine Bahn auf der rechten Körperseite bis zum Beinansatz abscannen. Bei Großtieren braucht es mehrere Bahnen vorne und hinten, damit auf der Rückseite und der Bauchseite alle Körperbereiche und Organe beim Scannen erfasst werden.

Bei einem teilweisen Abscannen wird nur eine Stelle oder ein Körperbereich oder ein Teil des Körpers untersucht.

Während sich die Hand vorwärtsbewegt, achtet man genau auf seine Wahrnehmungen in der Hand beziehungsweise in den Händen. Das können in den Fingerspitzen oder in der Hand ganz unterschiedliche Wahrnehmungen sein: Eine Schwere, eine Zähigkeit, eine Leichtigkeit, eine Schlammigkeit, ein Kribbeln, Unangenehmes, Schmerzen, Stiche, Kühle, eine magnetische Anziehung und auch die Harmonie, die gesunde Bereiche ausströmen. Es können Assoziationen, Bilder und Informationen kommen oder Gefühle wie ein Traurigsein oder ein Herzschmerz. Manchmal muss man zum genauen Herausfinden mit der Hand mehrmals über eine Körperstelle gehen.

Möchte man die Ausdehnung des Problems erfassen, dann bewegt man die Hand von der betreffenden Stelle aus ringsherum in alle Richtungen und prüft, wo der Byosen aufhört. Ist der Bereich nur klein wie bei einem Schnitt oder großflächig wie bei einer Bronchitis, ist er flächig wie eine Nackenverspannung, eher kreisförmig wie bei einer Mandelentzündung oder länglich wie eine Muskelzerrung?

Die Byosenempfindungen sind vorbei, sobald man die Hand von der Körperstelle wegnimmt. Sollte das Gehirn die Empfindung abgespeichert haben, dann reibt man die Hand an seiner Kleidung ab oder hält sie kurz unter Wasser. Spätestens dann sind sie weg.

Nach dem Abscannen wurden bei Mikao Usui und in der Gakkai die durch die Byosentechnik aufgefundene Bereiche mit Reiki behandelt. Dafür wurden die Hände dort direkt aufgelegt. Bei mehreren festgestellten Bereichen beginnt man mit dem Bereich, der am dringlichsten erscheint oder von der Person beziehungsweise der Halterin oder dem Halter als am dringlichsten angesehen wird.

Heutzutage wird nach dem ersten Schritt des Erfassens fast immer als zweiter Schritt der Austausch über das Wahrgenommene eingeschoben. Erst als dritter Schritt erfolgt, falls gewünscht, eine Reikibehandlung.

Beim Erlernen und Üben der Byosentechnik werden die Seminarteilnehmenden in der Regel nach dem Abscannen von zwei oder drei Personen sicherer und beginnen ihren Wahrnehmungen zu vertrauen. Deutliche Beschwerden werden immer von allen bemerkt. Die meisten schaffen auch kleinere Disharmonien aufzuspüren. Eine Frau meinte dazu einmal: „Das ist ja wie damals als Kind beim Ostereiersuchen!"

Eine Teilnehmerin schrieb mir nach dem Seminar: „Das hat so viel Spaß gemacht am Samstag! Ich habe das mit dem Byosen zuhause gleich an meiner Hündin ausprobiert. Und sogar Stellen bei ihr gefunden. Daraufhin habe ich das Prinzip meiner Mutti und Vivi erklärt und sie haben es auch versucht. Es war verblüffend. Wir hatten alle drei dieselben Stellen bei meiner Hündin, an denen wir etwas bemerkten! Das ist echt cool …"

Eine Frequenz kann von mehreren unterschiedlich empfunden werden.
Ein Beispiel aus einem Seminar: Alle nahmen an der gleichen Stelle an der Hüfte einer Teilnehmerin etwas wahr. Aber die eine Person hatte ein Kribbeln, die andere ein tomatenmatschiges Gefühl, die dritte eine schwer zu definierende Emotion, gekoppelt mit der Wahrnehmung eines netzartigen Geflechtes. Die untersuchte Teilnehmerin meinte, sie hätte dort unter ihrer Jeans eine Quetschung.
Bei den dreien würde, wenn sie bei anderen Körpern auf eine Quetschung stoßen, die dazugehörige Wahrnehmung immer wieder die gleiche sein. Die eine hätte dann wieder dieses ganz spezielle Kribbeln, die andere dieses Tomatengefühl und die Dritte dieses Netzartige.

Hat man Menschen oder Tiere mit vielen verschiedenen Problemen abgescannt und eine ständige Rückkopplung durch die Personen beziehungsweise bei Tieren durch die Halterinnen und Halter erhalten, was das eben Wahrgenommene sein könnte, dann kann man die Wahrnehmungen immer besser zuordnen. Konnte man auf diese Weise viele vergleichende Erfahrungen sammeln, dann weiß man eines Tages eine Entzündung von einer Zerrung zu unterscheiden und eine Fettbeule von einer Eiterbeule. Denn alle vier Probleme haben für die durch das Üben sensibilisierte Hand eine unterschiedliche Ausstrahlung. Das ist vergleichbar mit einem sensiblen, gut trainierten Geschmackssinn, mit dessen Hilfe unterschiedliche Gewürze in verschiedenen Speisen erkannt werden.

Der Körper-Byosen beim Abscannen

Die verschiedenen Ausstrahlungen eines Körpers sind der Körper-Byosen. Die können zum Beispiel sein:

~ harmonisch arbeitende Körperzellen und Körperbereiche
~ disharmonische Körperzellen und Körperbereiche wie bei einer Narbe, einem Bruch, einer Verspannung oder einem kränkelnden Organ
~ emotionale Probleme wie ein trauerndes Herz, der „emotionale Byosen"
~ mentale Befindlichkeiten wie eine Anspannung im Gehirn vom vielen Lernen vor der Klausur oder wie die ausgeprägte Gehirnaktivität einer Leitstute infolge ihrer jahrelangen gesteigerten mentalen Aufmerksamkeit für ihre Herde und die Umgebung, das wäre ein „mentaler Byosen"
~ Informationen wie die aus dem folgenden Bericht vom Pflanztopf
~ im Körper abgelagerte Schadstoffe
~ eine Energiestauung in einem Bereich
~ eine Energieschwäche in einem Bereich
~ eine Energiefülle in einem Bereich

Der Körper-Byosen kann sich weich, hügelig, aktiv, kühl, komisch, zugig, spitz, klebrig, knirschend, warm, wie magnetisch anziehend, zum Lächeln bringend, unangenehm, kühl, schmerzend, wie Stromstößchen, abrupt oder stetig beginnend, weniger werdend, unruhig, schwer, pulsierend, erschauernd, einen Schreck auslösend, ziehend, sanft, beschwingt und vieles andere mehr anfühlen.

Für die Wahrnehmung von mentalen oder emotionalen Problemen beim Abscannen verwende ich in Seminaren die Begriffe „mentaler Byosen" und „emotionaler Byosen". Ein emotionaler Byosen ist beim Abscannen zum Beispiel am Brustkorb bei einem aktuellen Herzschmerz nach einem Verlust wahrnehmbar oder nach einem Trauma an der betroffenen Stelle. So kann die Tiermutter nach einer schweren Geburt als Folge davon noch einen emotionalen Byosen am Unterleib haben.

Je nach Selbstheilungskräften und einer Unterstützung von außen verbleiben erlebte Emotionen im Körper oder lösen sich wieder auf.

Auch bei Gesunden sind Byosenwahrnehmungen möglich. Beispielsweise der Byosen von einer alten Narbe oder dem Baby im Mutterleib oder der Byosen der beiden besonders durchbluteten Oberschenkel bei einem Pferd, das gerade von einem anstrengenden Ausflug zurückkehrte.

Zum Einordnen der Wahrnehmungen gibt es zwei Möglichkeiten:

a) Man sieht bei den folgenden „Stufen des Körper-Byosen" nach und kann sie einer Stufe zuweisen.

b) Wenn es andere Wahrnehmungen sind, die sich nicht den Stufen zuordnen lassen, dann fragt man die betroffene Person oder die Halterinnen und Halter des Tieres, was sie meinen, was das sein könnte.

Ein Fallbeispiel dazu: Als ich einmal eine Frau abscannte, war die Ausstrahlung der Füße ganz eigenartig. Ich suchte dafür nach einer passen-den Beschreibung und sagte dann zu ihr: „Bei deinen Füßen fühlt es sich so an, als wären es die Wurzeln einer Pflanze in einem Plastiktopf."
Sie meinte dazu, dass sie sich im Leben so fühlte. Da ich das aber nur an den Füßen wahrgenommen hatte, fragte ich sie, was es dort sein könnte? Sie sagte, dass sie nur in der Stadt und kaum in der Natur sei und immer Schuhe oder Strümpfe anhabe, auch im Sommer und zuhause und nachts. Die Strümpfe sind die üblichen Strümpfe aus Kunststoff. Das letzte Mal sei sie wahrscheinlich als Kind barfuß gegangen. Nach dem Termin änderte sie das und ging mehr barfuß und kaufte sich Baumwollstrümpfe.

Die den Byosenstufen entsprechenden Wahrnehmungen wie Vibrieren, Hitze, Schmerz, Wind oder Kälte sind nicht nur in der Reikimethode bekannt, sondern beispielsweise auch bei der Physiotherapie, beim Shiatsu, der Körpermassage, beim Feng-Shui, in der europäischen Geomantie und bei der Pulsdiagnose der chinesisch-japanischen Medizin. Denn sie gehen alle auf den gleichen Ursprung zurück.

Bei der Pulsdiagnose werden drei Finger auf den Handgelenkspuls gelegt. In der Literatur zur traditionellen Medizin aus den letzten Jahrhunderten sind fünfzehn wahrnehmbare Pulsfrequenzen beschrieben, unter anderem: Ein „beschleunigter Puls", bei dem man beim Diagnostizieren Hitze an den drei Fingern verspürt, ein „verlangsamter Puls" mit Kälteempfindungen, ein „angespannter Puls" mit Schmerzempfindungen in den Fingern bei be-stimmten chronischen Erkrankungen und auch ein „saitenförmiger Puls" mit Windempfindungen an den drei Fingern bei Blockaden. (156)

Die sieben Stufen des Körper-Byosen

Mikao Usui lehrte die 1. bis 5. Stufe. Die Namen dieser fünf Stufen sind von ihm. Die 0. Stufe sowie die 6. und 7. Stufe habe ich irgendwann aus dem simplen Grund hinzugefügt, damit wir bei den Reiki-Aufbauseminaren zu den Techniken von Mikao Usui beim Erlernen und Üben der Byosentechnik Begriffe für bestimmte Wahrnehmungen hatten.
Die folgenden sieben Byosen-Stufen können wahrgenommen werden:

Die 0. Stufe „Gesundheit"
Wenn alles gesund ist, dann gleitet die Hand beim Scannen ganz geschmeidig und leicht weiter, als wäre da nur weiche Luft.
Ein Begriff für gesunde Körperbereiche, also eine Stufe „Null", ist nicht nur in den Seminaren für das bequeme Bezeichnen einer Wahrnehmung geeignet, sondern auch für einen kurzen Austausch über die Fortschritte nach mehreren Behandlungen.
Ein Beispiel dazu aus einer Nachricht einer WhatsApp-Reikigruppe: „Am Freitag war am Bauch ja noch Stufe 4. Das wurde besser durch dreimal je eine Stunde Reiki über das Wochenende, danach war Stufe 2. Heute bekam er nochmal Reiki, jetzt ist Stufe 0. Ihr braucht ihn also nicht mehr weiter mit Fernreiki zu behandeln."
Sind beim Seminar nach dem Abscannen viele Bereiche auf dem Papier beim Körperumriss mit „Null" gekennzeichnet, ist das für Menschen mit körperlichen Baustellen beziehungsweise für die Halterinnen und Halter von kranken Tieren eine wichtige Information. Denn je mehr gesunde Bereiche vorhanden sind, umso größer ist die Wahrscheinlichkeit, dass der Körper dann über eine gute Selbstregeneration verfügt.

Die 1. Stufe „Onnetsu" mit Wärme
Das Wort „Onnetsu" steht im Japanischen für „Wärme".
Bei dieser Stufe hat man an der Hand Wärmeempfindungen. Die Stufe zeigt ein leichtes, vorübergehendes Problem an, welches der Körper von allein harmonisiert bekommt. Onnetsu würde man beim Abscannen zum Beispiel an den Beinen des Pferdes nach einem Wettkampf oder am Bauch eines Hundes nach einem zu umfangreichen, fettigen Essen bemerken.

Die 2. Stufe: „Atsui Onnetsu" mit Hitze

Der Begriff „Atsui Onnetsu" heißt wörtlich übersetzt „Heiße Wärme" und bedeutet im Japanischen „Hitze".

Diese Stufe ist mit Hitzeempfindungen verbunden und das Zeichen für eine akute Befindlichkeit. Ist der Körper stark, dann korrigiert er die mit seinen Selbstheilungskräften. Ist das für ihn gerade ein wenig zu viel, dann braucht er eine Starthilfe mit Reiki und dann schafft er es von selbst. Denn bei der 2. Stufe ist ein Problem noch im Rahmen. Es ist allerdings nicht klar, ob es von allein weggeht oder ob es sich verschlimmern wird. Man sollte es deshalb beobachten und am besten präventiv behandeln. In der Regel reichen je nachdem schon zwanzig bis vierzig Minuten Reiki, damit die Stufe 2 auf Stufe 1 oder Stufe 0 sinkt und sich ein Problem auflöst.

Die Stufe 2 kann am Beginn einer Erkältung vorkommen oder nach einem stressigen Tierarztbesuch bei einer Katze. Dieser Stress kann sich von allein abbauen und die Katze ist beim nächsten Mal entspannt. Er kann sich aber auch nicht oder nur teilweise abbauen und sich im Körper einlagern, dann wird der nächste Tierarztbesuch von ihr als unangenehmer empfunden. Die 2. Stufe kann auch bei einer Wunde vorhanden sein. Die Wunde kann von allein abheilen, sie kann sich aber auch entzünden.

Bei dieser Stufe beginnen die Hände oder auch man selbst kurzzeitig heiß zu werden oder sogar zu schwitzen wie im Sommer bei dreißig Grad.

Jacko lahmte auf einem Huf. Es war Winter und ich kniete neben seinem Bein dick eingemummelt auf der verschneiten Wiese auf einem Heusack, der auf einer kleinen wasserdichten Plane lag. Nachdem ich den lahmenden Huf behandelt hatte, ging ich um Jacko herum, um auf Wunsch der beiden Halterinnen sicherheitshalber auch den gegenüberliegenden Huf zu prüfen. Erfahrungsgemäß sind die anderen Beine, selbst wenn am Gangbild noch nichts zu bemerken ist, von der Mehrbelastung durch die ständigen Entlastungsversuche oder durch das Einnehmen einer Schonhaltung betroffen. Das kennen auch Menschen bei einer Kniebeschwerde. Äußerlich war bei Jacko nichts sichtbar gewesen, aber meine Hände konnten mithilfe der Byosentechnik „sehen", dass das Bein schon belastet war. Als ich über das Hufgelenk und die Fessel scannte, wurde meine Hand trotz der Minusgrade von einem Augenblick auf den nächsten unter dem Handschuh sehr warm. Dort war Stufe 2.

Die 3. Stufe: „Piri Piri" mit Kribbeln

„Piri Piri" ist ein japanisches Beschreibungswort für ein Kribbeln.

In der 3. Stufe hat der Organismus kein kleineres Problem, mit dem er leben kann, sondern er hat ein Problem, das zu einer Erkrankung werden kann.

Bei Jacko hatte der lahmende Huf Stufe 3. Als ich den Huf, um das Problem zu erfassen, vor der Behandlung von allen Seiten abscannte, kribbelte es wie verrückt in meinen Händen.

Es gibt mehrere Abstufungen beim Kribbeln: Ein Kitzeln, Jucken, Brizzeln oder ein leichtes, kaum spürbares Kribbeln in der Hand oder nur an den Fingern ist die 3. Stufe, die sich zur 2. Stufe neigt.

Bei einem deutlichen bis starken Kribbeln ist man mitten in der 3. Stufe.

Bemerkt man ein unangenehmes Kribbelpiecksen oder dass sich die Hand etwas eingeschlafen anfühlt, dann nähert sich die 3. Stufe der 4. Stufe.

Ist die Sensibilität der Hand noch nicht ausgeprägt, dann nimmt man beim Abscannen einfach nur ein Kribbeln ohne solche Feinabstufungen wahr.

Wird man bei der 3. Stufe nicht aktiv, sondern lässt alles so weiterlaufen, dann wird aus einem Problem über kurz oder lang eine Erkrankung der 4. Stufe werden. Die wieder loszuwerden ist aufwendiger, als sich schon bei der 3. Stufe um eine Verbesserung zu kümmern.

Die 4. Stufe: „Hibiki" mit Pulsieren / Kühle / Wind

Das Wort „Hibiki" bedeutet „Schwingung" oder „Pulsieren".

Bei dieser Stufe fühlt man ein Vibrieren, Pulsieren oder Pochen in der Hand.

Ein Vibrieren ist die Stufe 4, die sich der Stufe 3 zuneigt.

Ein Pulsieren ist die Mitte der Stufe 4.

Ein Pochen ist Stufe 4, die sich der Stufe 5 nähert.

Disharmonische Bereiche der 4. Stufe rufen auch Wahrnehmungen von Kühle und Kälte hervor und sogar Windempfindungen.

Wenn wir im Seminar den Byosen üben und plötzlich überrascht zu den Fenstern und den Türen aufgeschaut wird, dann denke ich mir schon, dass die Teilnehmenden einen Windhauch an ihren Händen wahrgenommen haben und nun prüfen, ob der vielleicht von offenen Fenstern und Türen kommt. Aber die sind während des Byosenübens extra geschlossen. Die Empfindung von Wind hat mit dem Byosen zu tun.

Die 4. Stufe kommt bei einer ernstzunehmenden akuten oder chronischen Erkrankung vor, nach einem einschneidenden, emotionalen Erlebnis oder nach einem Trauma.

Fühlt es sich an der abscannenden Hand pulsierend, pochend, kühl oder kalt an, dann kann das ein Hinweis auf eine Organerkrankung sein.

Ein kurzes oder längeres Frösteln bis hin zum Frieren sowie ein Kälteschauer oder ein Erschaudern, ein Erzittern oder eine Gänsehaut steht meinen Beobachtungen nach in der Regel für ein Trauma oder für eine körperliche Erkrankung, die mit starken Emotionen verknüpft ist.

„Ich weiß noch, wie bei dem Aufbauseminar ‚Tiere mit Reiki behandeln' Ulrike neben mir saß und wir die Hände für Fernreiki über die Zettel mit den Namen der Tiere auf dem Tisch hielten. Ich hatte immer so ein Kribbeln am Unterarm und war ganz entrüstet, dass Ulrike mich immer anatmete. Es fühlte sich jedenfalls so an. Denn immer wieder ging mir ein Schauer über den Arm. Aber als ich von den Tieren aufsah und zu ihr hinguckte, da hielt sie ihren Kopf gar nicht in meine Richtung. Das hat mich irritiert. Hinterher stellten wir beide fest, dass wir die gleiche Empfindung von einem Erschauern hatten." Unter den Tieren, denen wir in dieser Runde Fernreiki schenkten, waren traumatisierte Tiere gewesen.

Die Wahrnehmung bei der 4. Stufe ist schon weit intensiver als die bei der 2. und 3. Stufe. Die 4. Stufe ist häufig mit einem drängenden Gefühl verbunden. Sollen sich die Seminarteilnehmenden nach dem Abscannen zwischen mehreren auffälligen Bereichen mit der 2., 3. und 4. Stufe entscheiden, welcher Bereich davon zuerst behandelt werden sollte, dann fällt immer, ohne lange nachdenken zu müssen, die Entscheidung auf die Bereiche mit der 4. Stufe. Denn die vermitteln das Gefühl von „hier stimmt was nicht mehr" und drängen einen irgendwie danach, etwas zu tun.

Die Reaktionen sind eine Tendenz, denn sie fallen nicht bei allen, die das gleiche Tier oder denselben Mensch abscannen oder behandeln, gleich aus. Während den einen nur angenehm warm wird, fangen andere an zu schwitzen. Die einen bemerken an einem Körperbereich zwar eine Kühle, aber keinen Wind, anderen jagt es an der gleichen Stelle einen kalten Schauer über den Rücken und sie berichten von einem deutlichen Luftzug.

Die 5. Stufe: „Itami" mit Schmerz

Das Wort „Itami" heißt im Japanischen „Schmerz".

Diese Stufe bringt beim Abscannen unangenehme bis schmerzhafte Empfindungen in der Hand mit sich. Denn die disharmonische Ausstrahlung eines sehr kranken Bereichs ist so intensiv, dass man sie, wenn man eine sensitive Wahrnehmung hat, als Schmerz wahrnimmt. Das kann bei einem akuten Bandscheibenvorfall, einer chronischen Organerkrankung, einer Krebserkrankung oder einer Bronchitis der Fall sein. Bei der 5. Stufe liegt ein schwerwiegendes Problem vor, das dem Körper stark zusetzt.

Bei der 5. Stufe ist die Intensität der Wahrnehmung höher als bei Stufe 4. Im Vergleich zu den anderen Stufen hat man bei der 5. Stufe die extremste Wahrnehmung. Das unangenehme oder schmerzhafte Byosengefühl kann nur an den Fingerspitzen oder in der Handfläche sein, sich aber auch bis zum Ellenbogen oder bei schweren Krankheitsfällen sogar bis in den Oberarm hochziehen. Man kann einen gleichmäßigen Schmerz empfinden oder es fühlt sich an wie Nadelstiche.

Bei der 5. Stufe jammere ich manchmal leise vor mich hin: „Aua, aua, aua, ohje, ohje, ohje … Bitte nicht über mein Jammern erschrecken, das geht gleich vorbei … Das ist nicht schlimm für mich, das ist einfach nur der Byosen … Holla die Waldfee, das ist aber ne Nummer …".

Nimmt man die Hand von der Stelle weg, dann hört die Wahrnehmung auf. Sollte das Gehirn die Empfindung wie einen Ohrwurm abgespeichert haben, dann reibt man die Hand an der Kleidung ab oder hält sie kurz unter Wasser oder zieht sie ein paar Mal über das Gras auf der Weide. Dann ist sie weg.

Bei der Behandlung eines Bereichs mit der 5. Stufe hat man das Gefühl von einem stetigen, intensiven Reikifluss. Belässt man die Hände an der Stelle für eine Reikigabe, dann ist das schmerzhafte Gefühl nach einigen Reikiminuten meist schon weniger oder sogar ganz weg. Die größte Spitze hat sich dann harmonisiert.

Ich habe festgestellt, dass es bei der 5. Stufe auch einen „emotionalen Byosen" geben kann. In dem Fall bekommt man beim Abscannen Gefühle wie beispielweise ein schweres Herz, emotionale Bauchschmerzen, eine Traurigkeit oder man beginnt fast zu weinen oder man schluchzt und weint. Der emotionale Byosen ist die Folge abgespeicherter Emotionen, die mit der wahrgenommenen Disharmonie zusammenhängen.

Die 6. Stufe mit „Nichts" am lebensgefährlich erkrankten Bereich

Es gibt eine körperliche Disharmonie, die noch lebensbedrohlicher ist als die der Stufe 5. Der Körper ist dann nah am Sterben. Diese 6. Stufe hat ebenfalls einen eigenen, unverwechselbaren Byosen. Bei der extremen Disharmonie der Stufe 6 fühlt sich der Byosen beim betroffenen Bereich nach „Nichts" im Sinne von „Da ist nichts mehr an Leben zu spüren" an oder auch wie künstlich-fremd. Bei einem gesunden Körper mit der Stufe 0 fühlt sich der Byosen auch nach nichts an, aber da ist es ein lebendiges „Nichts" im Sinne von „Da ist nichts an Problemen".

Der Byosen der 6. Stufe kann bei einem kollabierenden Organ oder in der letzten Sterbephase wahrgenommen werden. Aber auch, wenn das Körpersystem nach Geschehnissen verschaltet ist oder wenn Organe nicht mehr selbstständig arbeiten, sondern ihre Funktionen nur noch künstlich von außen am Leben erhalten werden. In all diesen Fällen kann es vorkommen, dass auch bei anderen Körperbereichen wenig Lebendigsein zu spüren ist. Die 6. Stufe ist möglich, selbst wenn das Tier noch geht und isst.

Ich erlebte das bei einem mehrwöchigen, verwaisten, erkrankten Welpen. Er erhielt trotz des kräftezehrenden Traumas durch den Verlust der mütterlichen Geborgenheit, ohne dass eine Laboranalyse gemacht wurde, ob ein Wurmbefall vorlag, eine Wurmbehandlung und wurde dann noch geimpft. Als er am gleichen Tag krank wurde, kamen darüber hinaus auch noch Medikamente hinzu. Sein System kollabierte dadurch. Er war am Sterben.

Vor Wurmbekämpfungen und Impfungen sollte man sich gut informieren, insbesondere zu den Ausschlusskriterien bei kranken oder psychisch angeschlagenen Tieren sowie bei Hunderassen mit einem gehäuft auftretenden MDR1-Gendefekt. (157) Infolinks dazu stehen hier im Quellenverzeichnis bei Nummer (158). Denn eine Entwurmungskur ist keinerlei „Kur" für den Körper, sondern ein Medikament mit vielen Nebenwirkungen. (159)

Weitere Fälle, bei denen dieser spezifische Byosen auftauchen kann, wäre ein Nierenversagen mit Dialyse, ein lebensbedrohlicher Schlangenbiss oder eine akute, lebensgefährliche Vergiftung.

Die 7. Stufe mit „Nichts" am ganzen Körper

Wenn der Körper nach dem Tod erkaltet ist, ist kein Körper-Byosen mehr zu spüren.

Bei Mikao Usui und in der Usui-Reiki-Gakkai wurde die 1. bis 5. Byo-senstufe gelehrt, es gab keine 6. und 7. Stufe.

Vielleicht war das so, weil vor rund einhundert Jahren, als Mikao Usui die Reikimethode lehrte, man in solchen Extremfällen nichts mehr machen konnte? Denn vor einhundert Jahren gab es noch keine Herz-Lungen-Ma-schinen, keine Beatmungsgeräte, keine Defibrillatoren, keine Stents und Bypassoperationen, kein In-Koma-legen-Können, keine Antibiotika, kein Asthmaspray, keine Nierendialyse und Insulinspritzen und auch vieles andere nicht. (160) Vielleicht erlebten Mikao Usui und seine Schülerinnen und Schüler solche Ausnahmefälle auch zu selten im Alltag, so dass es nicht nötig war, auf solche Sonderfälle, bei denen man damals nicht mehr helfen konnte, in den Seminaren noch extra einzugehen? Wer weiß …

Der Verlaufs-Byosen beim Behandeln

Beim direkten Abscannen des Körpers nimmt man dessen Körper-Byosen wahr, also die Abstrahlungen von körperlichen und emotionalen Harmonien und Disharmonien. Diesen Körper-Byosen habe ich auf den vorangegangenen Seiten beschrieben.

Auf den folgenden Seiten möchte ich auf den Verlaufs-Byosen eingehen, der während einer Behandlung wahrgenommen werden kann. Das ist mit dem 1. Gad bei einer Behandlung vor Ort möglich und mit dem 2. Grad auch bei einer Fernbehandlung.

Mit dem Byosen während einer Behandlung ist nicht der Reikifluss gemeint, sondern das, was im Körper passiert. Der Reikifluss ist bei einer Behandlung zusätzlich zum Byosen wahrnehmbar. Bei der Byosentechnik geht es nicht um den Reikifluss, sondern um den Byosen. Ein Byosen zeigt die Befindlichkeiten des Körpers an. Also wie hoch der derzeitige Grad der Disharmonien beziehungsweise der Harmonien im Körper ist, wie viel Energie der Körper gerade braucht, wie dessen Zellen und Organe auf die Reikienergie reagieren und wie seine Selbstheilungskräfte arbeiten.

Auch der emotionale Byosen von emotionalen Disharmonien ist nicht nur beim Abscannen, sondern auch während einer Behandlung wahrnehmbar. Ein emotionaler Byosen kann bei einem Trauma auftreten oder bei ernsthaften Erkrankungen, die mit ausgeprägten Emotionen zusammenhängen. Bei einem Trauma sind die alten abgespeicherten Gefühle nicht immer an konkreten Körperstellen zu finden. Sie werden deshalb beim Abscannen des Körpers meist nicht entdeckt. Aber beim Behandeln können sie sich als Verlaufs-Byosen bemerkbar machen, beispielsweise als Kälteempfindungen in den behandelnden Händen oder durch ein allgemeines Erschauern.

Im Internet und in Büchern wird der Begriff „Byosen" in der Regel für drei unterschiedliche Sachverhalte verwendet:
1. die Wahrnehmung der Ausstrahlungen des Körpers beim Abscannen
2. die Wahrnehmungen während einer Reikibehandlung
3. als Bezeichnung für die Reikitechnik „Byosen" an sich
Die Vermischung von 1. und 2. ist meist verwirrend, denn es gibt einige Unterschiede zwischen dem 1. Byosen, den man beim direkten Abscannen wahrnimmt, und dem 2. Byosen, den man beim Behandeln spürt.

Erstens unterscheidet sich die Dauer. Beim Körper-Byosen dauert die Wahrnehmung nur die Augenblicke, die die Hand über den Körper entlangschwebt. Beim Verlaufs-Byosen hat man Wahrnehmungen über den Zeitraum der rund fünf bis neunzig Minuten währenden Behandlung.

Zweitens unterscheidet sich die Wahrnehmung. Beim Abscannen bleibt sie die gleiche. Bei einer Behandlung verändern sich die Empfindungen, zum Teil sehr deutlich.

Drittens sind manche Kriterien für ein und dieselbe Stufe unterschiedlich. Beim Abscannen ist das Hauptkriterium für eine ernsthafte Erkrankung, also für die 5. Stufe, dass man in der Hand Schmerzen wahrnimmt. Bei einer Behandlung ist das Hauptkriterium für eine ernsthafte Erkrankung, dass man in der Hand einen permanent ziehenden Byosen wahrnimmt.

Damit in den Aufbauseminaren und Übungsabenden im Austausch untereinander der 1. und 2. Aspekt des Begriffes „Byosen" besser auseinandergehalten werden konnte, begann ich vor Jahren

den 1. Sachverhalt des Byosen als „Körper-Byosen" und

den 2. Sachverhalt des Byosen als „Verlaufs-Byosen" zu bezeichnen.

Das Wort „Körper"-Byosen bezieht sich auf den Körper, der gescannt wird.

Das Wort „Verlaufs"-Byosen nahm ich deshalb, weil man diesen Byosen im Verlauf einer Behandlung wahrnimmt.

Zur leichteren Unterscheidung der Stufen beim Körper- und beim Verlaufs-Byosen bezeichnete ich die sieben Stufen des Körper-Byosen mit 1 bis 7 und die sieben Stufen des Verlaufs-Byosen mit A bis G.

Um die Dynamik eines Verlaufs-Byosen zu erfassen, muss die Hand beziehungsweise müssen die Hände länger auf einer Stelle liegen bleiben, am besten während der gesamten Behandlung.

Bei Mikao Usui war die Direktbehandlung, bei der die Hand oder Hände auf die betroffene Stelle aufgelegt wurden, eine gängige Technik. Entweder war das Problem offensichtlich, so dass klar war, wo die Hände direkt aufgelegt werden konnten. Oder die disharmonischen Bereiche wurden per Byosen-Technik oder per Reiji-Ho-Technik herausgefunden und dann so lange gezielt direkt behandelt, bis das Problem verschwunden war. *(161)*

Im westlichen Kulturraum wird bei der Ausbildung in den 1. Grad als Behandlungstechnik die Ganzkörperbehandlung mit den vorgegebenen Handpositionen gelehrt. Bei dieser Technik bleiben die Hände drei bis fünf Minuten auf einer Position. Diese Dauer kann noch ausreichen, um einen Körper-Byosen oder die Anfänge des Verlaufs-Byosen wahrzunehmen, wie eine Hitze, ein Kribbeln, einen Schmerz, ein Gefühl, ein Bild oder eine magnetische Anziehung. Aber die drei bis fünf Minuten einer Handposition sind zu kurz, um die Entwicklung des gesamten Verlaufs-Byosen oder die Verbesserungen einer bedürftigen Stelle wahrzunehmen.

Die Ganzkörperbehandlung ist eine wunderbare Technik, die schon Millionen Menschen geholfen hat. Sie wurde von Hawayo Takata (1900–1980) nach dem Ausbruch des Pazifik-Krieges zwischen Japan und den USA entwickelt. (162) Sie ähnelt mit ihren zwölf Positionen der Grundbehandlung „Byogen Chiryo" von Mikao Usui. Bei der „Byogen" legt man beide Hände mehrere Minuten lang auf diese sieben Positionen auf: 1. Stirn, 2. Schläfen, 3. Hinterkopf, 4. Nacken, 5. vorne am Hals, 6. auf den Scheitel, 7. die eine Hand körpermittig auf den Magen und die andere direkt darunter mittig auf den Darm. Hawayo Takata erlernte 1935 in Tokio bei ihrer Ausbildung in den Shoden und den Okuden von Chujiro Hayashi nachweislich die von Mikao Usui unterrichteten Reikitechniken und gab sie ab 1938 als Reikilehrerin in ihrer Heimat Hawaii weiter. (163) Im Dezember 1941 brach der Krieg zwischen Japan und den USA durch den Angriff von japanischen Fliegern auf amerikanische Schiffe in Pearl Harbor auf Hawaii aus. (164) Ab dem Kriegsausbruch konnte auf Hawaii etwas Japanisches schnell als etwas Feindliches angesehen werden. (165) Deshalb unterrichtete Hawayo Takata sicherheitshalber nicht mehr die Gedichte des Kaisers und veränderte auch einiges an der Biografie von Mikao Usui, der bei ihr zu einem christlichen Priester und einem Angestellten einer Universität wurde. (166) Mehr dazu hier im Buch im III. Kapitel bei „Die historische Entwicklung der Reikimethode und der Reikitechniken". Von allen gelernten Techniken des 1. und 2. Grades gab sie nur noch die Emotional-Mental- und die Fernreikitechnik weiter und lehrte nun ihre neue Ganzkörperbehandlungstechnik.

Zum Byosen schrieb sie während ihrer Reikiausbildung in einer Aufzeichnung vom 10.12.1935: „In allen Fällen konnte der Patient nur durch Berührung der Hand diagnostiziert werden. Die Wirkung der Reikienergie wird, wenn sie in konzentrierter Form auf den Patienten angewendet wird, alle Krankheiten heilen. Sie hilft in jeder Hinsicht, dem menschlichen und tierischen Leben." (167)

Die sieben Stufen des Verlaufs-Byosen während einer Behandlung

Die Stufe 0
Bei dieser Stufe gibt es keinen Verlaufs-Byosen, denn alles ist gesund und in Harmonie.

Die Stufe A
Der Körper ist vital und hat nur etwas relativ Kleines wie einen Muskelkater oder eine neu entstandene Verspannung. Je nach Problem braucht es bei Stufe A rund fünf bis vierzig Minuten, bis dort wieder alles gut ist. Es geht relativ schnell, den Bedarf zu decken, denn der Körper ist gesund und es ist nur ein kleines Problem. Ist das gelöst, nimmt der Byosen und auch der Reikifluss ziemlich schnell ab.

Bei Stufe A sind zwei Verläufe möglich.
Der Verlauf a): Der Bereich kann sich zu Beginn so anfühlen, als bräuchte es dort kein Reiki. Aber dann zieht sich der Körper doch noch für eine Weile Reiki, bis sich das ausplätschert. Als wenn der Körper sagt: „Na gut, ich habe es zwar nicht unbedingt nötig, aber wenn mir etwas angeboten wird, dann greife ich gern zu." Das ist so, als würde man, eigentlich satt vom Abendessen, vor dem Fernseher sitzend bei den Chips noch zulangen.
Wir sahen im Spätherbst einen Igel im Gras vor dem Haus. Wir fragten uns, ob er Hilfe bräuchte, weil er zu wenig Reserven für den Winterschlaf hat oder sogar krank ist? Ich machte aus drei Metern Entfernung Fernreiki über meine auf ihn gerichteten Handflächen. Es war ein gemütlicher Reikifluss der Stufe A. Und das Gefühl, dass er ein Kraftpaket ist. Also alles gut.
Der Verlauf b): Es gibt auch Behandlungen, da fühlt es sich so an, als würde der Körper in langen Schlückchen, also in kleinen, abnehmenden Zyklen, die Energie trinken, bis er genug hat.
Beim gemütlichen Kuscheln mit Susi auf dem Sofa begann meine auf ihrem Oberschenkel liegende Hand Reiki zu geben. Ich wunderte mich, denn bisher war dort noch nie Reikibedarf. Da fiel mir ein, dass die letzten fünf Tage sehr nasskalt gewesen waren. Die Nässe war wohl etwas in ihre alten Knochen gezogen, obwohl sie ein dickes Winterfell hatte. Der Reikifluss hörte nach einer Weile auf. In den nächsten Tagen war das Wetter trocken, da bemerkte ich an dieser Stelle nichts mehr.

Die Stufe B

Dieser Byosen taucht auf bei einem akuten Problem wie bei einer Kratzwunde, nach einem Fußumknicken, einem Schreck, einer Schnittwunde in der Pfote oder bei einer akuten Erkrankung wie einer Entzündung.

Bei Stufe B legt man die Hände auf, spürt noch, wie der Reikifluss normal einsetzt – und dann kommt die Wärme oder Hitze. Ist die Hitzespitze nach einigen Minuten vorbei, nimmt der Byosen relativ gleichmäßig ab, bis alles wieder gut ist. Nach einiger Zeit wird sich der schnell auftauchende Byosen auch relativ rasch wieder abschwächen, da der ansonsten gesunde Körper von sich aus schnell wieder ins Lot kommt.

Bei Stufe B kann die behandelnde Person stärker durchblutete oder auch heiße Hände bekommen, ihr kann warm werden oder sie beginnt sogar zu schwitzen.

Bei Jacko legte ich meine Hände auf seinen gesunden, aber durch seine Schonhaltung überlasteten Huf auf. Nach einer Minute Behandlungszeit stieg in mir eine Hitzewelle hoch. Ich hätte mich auf der Pferdekoppel trotz der Minusgrade am liebsten meines Thermomantels entledigt. Aber ich zog mir nur eilig Handschuhe, Schal und Mütze aus und machte weiter. Nach fünfzehn Minuten Behandlung war die Hitze abgeebbt.

Eine Bekannte, die von dieser Verlaufsstufe hörte, konnte sich das gar nicht vorstellen. Beim Übungsabend bei einer Fernbehandlung per Foto erlebte sie so etwas zum ersten Mal. Plötzlich perlten ihr Schweißtröpfchen über die Oberlippe und sie konnte sich gar nicht so schnell ihren Pullover ausziehen, wie sie es gern gewollt hätte.

Ein Beispiel für den Verlaufs-Byosen bei einer emotionalen Befindlichkeit:
Beim Seminar lagen für eine Fernreikianwendung mehrere Fotos auf dem Tisch vor uns. Es zog sofort zum Foto der einen Katze hin. Das Gefühl wurde intensiver und intensiver und es wurde heißer und heißer. Nach zehn Minuten war die Spitze vorbei und der Byosen begann langsam abzunehmen. Der größte Teil der Disharmonie schien sich aufgelöst zu haben. Der Byosen nahm schnell weiter ab. Die Halterin meinte danach, ihre Katze sei gesund, aber sie war mit ihr am Tag vorher zu einem sehr aufregenden Check-up beim Tierarzt gewesen. Die Katze war, als die Frau zum Seminar losging, davon immer noch unruhig gewesen.

Die Stufe C

Die Stufe C findet sich bei erheblicheren Problemen, zum Beispiel nach einer Kastrationsoperation oder einem Dauerknabbern an den Pfoten.

Die Behandlung beginnt gleich mit einem kräftigen Reikifluss. Ebenso kräftig ist der Byosen, also die Wahrnehmung, dass dort körperlich etwas nicht ganz in Ordnung ist und dass die Körperzellen deutlich reagieren. Man hat während der Behandlung das Gefühl, dass sich da etwas tut. Bei den Stufen C und D fühlt es sich oft an, als ob es dort „ganz schön arbeitet". Bei der Stufe C bessert sich ein Problem nach rund dreißig bis sechzig Minuten. Wer sensibel ist, nimmt dann wahr, dass nur noch wenig oder kein Reikibedarf mehr da ist.

Die Stufe C hat zwei Verläufe.

Der Verlauf a): Dieser Verlauf tritt häufig bei leichteren Problemen auf. Zu Beginn einer Behandlung kann man ein Kribbeln, aber auch ein Jucken oder Brizzeln wahrnehmen. Nach einer Weile nimmt relativ stetig sowohl der Byosen als auch der Reikifluss ab. Das ist zum Beispiel bei einem Pferd bei einem Sommerekzem so.

Ein Beispiel für Verlauf a): Im Garten flatterte eine Schwalbe im Gras. Ich nahm sie in die Hand, ging hinein und legte sie auf dem Balkon dicht neben den Gitterstäben auf ein Kissen ab. Sie blieb dort still liegen und ich setzte mich zwei Meter entfernt hin und ließ rund eine Stunde lang Reiki fließen. Zu Anfang war es ein ziehendes Jucken in den Fingerspitzen. Der Reikifluss war stetig, der Byosen schien leicht zu- und wieder abzunehmen, dann wurde der Byosen immer weniger und hörte auf. Ich blieb danach weiter ruhig sitzen, um sie nicht aufzuwecken, denn sie schien in einen regenerativen Heilschlaf gefallen zu sein. Irgendwann öffnete sie die Augen, bewegte sich zur Brüstung, spreizte ihr Gefieder und flog im weiten Bogen los.

Ein Heilschlaf ist für Reikibehandlungen typisch. Bei Tieren tritt er nach meinen Erfahrungen bei den Verlaufsstufen C, D und E auf. Der Heilschlaf sollte, wenn das möglich ist, nicht unterbrochen werden, da in dieser Zeit eine Regeneration und Heilung auf einer tiefen Ebene stattfindet. Mehr zu diesem wichtigen Element bei Reikibehandlungen steht in meinem Buch „Reiki-Techniken für Tiere – Die Chakren- und Auraheilung".

Der Verlauf b): Hier ist ein Byosen wahrnehmbar, der während der Behandlung einer Körperstelle erst abnimmt und dann wieder zunimmt, nach einer Weile wird er weniger und dann wieder etwas mehr und so weiter und so fort. Insgesamt wird der Byosen bei der Behandlung aber weniger. Den Verlauf b) nimmt man beispielsweise beim Behandeln eines beginnenden Hustens wahr. Ein Beispiel für den in Wellen abebbenden Verlauf b):

Ein Sturm fegte über den Pferdehof, da hörte es sich an, als wäre ein Baum umgefallen. Die Frau: „Ich muss nach den Pferden sehen!" „Nein", sagte ihr Mann, „du bleibst hier im Haus." „Aber wenn eins verletzt wurde?" „Ein Rausgehen ist zu gefährlich für dich. Draußen fliegt alles Mögliche umher. Hilf ihnen mit Reiki." Beim Fernreiki hatte sie die Wahrnehmung von einer Unruhe und einem Aufgewühltsein in der kleinen Herde. Aber nicht das Gefühl, das sie von anderen Fernreikibehandlungen kannte, wenn ein Tier oder Mensch richtig krank oder verletzt war. Mal spürte sie mehr, mal weniger. Nach einer Weile mit weiterem Fernreiki wurden die Gefühle von Unruhe und Stress bei den Pferden schwächer und schwächer und es breitete sich eine Gelassenheit und fast eine Gemütlichkeit aus. Als sie direkt nach dem Sturm zum Stall ging, standen die Pferde entspannt da.

Infolge heilsamer Reikibehandlungen kann sich der erschöpfte Verlaufs- und Körperbyosen der Stufe F zum trägen Verlaufs- und Körperbyosen der Stufe E verändern, bei einer weiteren Harmonisierung zum „arbeitenden" Verlaufs- und Körperbyosen der Stufe D und später zum agilen Byosen der Stufe C und von dort zum leichten Byosen von B und dann zu Stufe A und weiter zur gesunden Stufe 0.

Manchmal sind die Stufen des Verlaufs-Byosen nicht genau abzugrenzen, sondern sie überlappen sich. Dann kribbelt es in den Fingerspitzen und man hat gleichzeitig auch eine heiße Handfläche. Oder es pulsiert und außerdem zieht ein Schmerz bis in die Hand hinein oder sogar bis in den Arm hoch. Einigen wurde beim gleichen Foto nur angenehm warm, während andere anfingen zu schwitzen. Die bei den einzelnen Stufen angegebenen Reaktionen fallen nicht bei allen, die das gleiche Tier oder denselben Mensch abscannen oder behandeln, gleich aus. Das ist ganz normal und kam immer wieder bei den Seminaren und Übungstreffen der letzten fünfzehn Jahre vor.

Die Stufe D

Bei der Stufe D kann man ein Pulsieren, Pochen oder Vibrieren, einen Windhauch, eine Kühle oder sogar Kälte als Verlaufs-Byosen wahrnehmen. Hawayo Takata kannte die Byosenstufen auch. In ihrem bei www.Reiki GreyBook.com nachzulesenden Essay „Die Kunst des Heilens" aus dem Jahr 1948 schrieb sie: „Während der Behandlung vertraue deinen Händen, höre auf die Vibrationen oder die Reaktion."

Bei Stufe D liegt eine ernsthafte Erkrankung vor.

Das war bei einer Katze der Fall. Die Hände lagen nebeneinander auf ihrem Rücken und Reiki floss und es fühlte sich kalt an. Nach einer Viertelstunde sprang sie vom Schoß und machte deutlich, dass sie meinte, trotz der kurzen Zeit das bekommen zu haben, was sie ihrer Meinung nach haben wollte. Sie war schwer nierenkrank.

Das Vibrieren, Pulsieren oder Pochen des Verlaufs-Byosen zeigt nicht den Reikifluss an, sondern die Aktivitäten des Körpers, die er zu seiner Heilung unternimmt, also das Wirken der Selbstheilungskräfte. Bei einer Krankheit hängen die abgekämpft in der Ecke herum. Sie haben alles gegeben, aber konnten wegen der Schwere der Erkrankung nichts mehr machen. Dann kommt die universelle Energie und stärkt sie. Sie blühen auf, sie werden kräftig und vermehren sich. Sie sind nun kein matter Haufen mehr, sondern mit neuer Superpower ausgestattet. Sie krempeln die Ärmel hoch und beginnen auf den Körperbaustellen klar Schiff zu machen. Ihr emsiges Treiben nimmt man als Verlaufs-Byosen wahr.

Als Reikifluss wird die Menge der Reikienergie bezeichnet, die man bei einer Behandlung durch seine Hand strömen fühlt. Der Verlaufs-Byosen und der Reikifluss kann unabhängig voneinander wahrgenommen werden. In der gleichen Hand kann einerseits bemerkt werden, wie intensiv der Reikifluss ist, und gleichzeitig bemerkt man ein Pulsieren, Wärme, Hibiki oder anderes. Verschiedene Sachen nebeneinander an einer Hand zu spüren ist nichts anderes, als im Mund gleichzeitig das Milde vom Käse, das Salzige der Brezel und das Aroma vom Rotwein zu schmecken. Eine Hand mit einer entsprechenden Sensibilität kann ebenfalls mehreres wahrnehmen.

Das Pulsieren ist genau wie die Kühle das Zeichen einer ernsten Krankheit. *Greta war eine seit einer Woche in Deutschland angekommene, ältere Hun-*

dedame. Sie lebte auf einer Pflegestelle. Beim ersten ehrenamtlichen Reiki-termin war mir aufgrund des wahrgenommenen erschöpften Pulsierens in meiner Hand klar, dass Greta recht krank sein musste. Nach rund einer halben Stunde wurde aus dem langsamen Puls so etwas wie ein langsames Rauschen wie bei einem träge dahinfließenden Bach. Mal schwoll das etwas an, mal wurde es weniger. Nach einer Stunde war sie eingeschlafen und ich beendete die Session. Die Pflegestellenfrau meinte hinterher, Greta hätte das sehr gut getan. Sie hatten vor drei Tagen bei einer tierärztlichen Untersuchung herausgefunden, dass Greta eine ernsthafte Krankheit hatte. Beim zweiten Termin war wieder der Byosen einer körperlichen Erschöpfung zu merken. Aber diesmal ging es schneller, dass der zu einem Bachpulsieren wurde. Nach dieser zweiten Reikistunde ging es ihr wieder besser.

Bei Stufe D sind in der Regel mehrere Termine erforderlich. Aber es kann auch eine Behandlung ausreichen. Ob am Ende das eine oder das andere zutrifft, weiß man vorher nie, denn mit der Reikimethode erlebt man häufig Wunder. Wie bei Ziska, der neunjährigen Hündin meiner Nachbarin:
Ziska konnte aufgrund dreier Bandscheibenvorfälle seit fünf Monaten trotz Medikamentation weder richtig laufen noch entspannt liegen. Ich legte meine Hände anderthalb Stunden auf die betroffenen Stellen am Rücken auf. Dort war es ein ausgewachsenes Pulsen. Manchmal kam es mir vor, als würde sich daraus ein gleichmäßiger Takt ergeben so wie „sch, sch, sch.", „sch, sch, sch.", „sch, sch, sch." Die Hündin fiel währenddessen in einen tiefen Schlaf. Das hatte sie noch nie gemacht, wenn eine fremde Person mit im Zimmer war, meinte meine Nachbarin. Außerdem legte sie sich erstmals in eine Schlafposition, die sie seit fünf Monate nicht mehr eingenommen hatte. Sie erzählte mir später, dass Ziska am nächsten Tag munter und federnd lief! Und das blieb so.
Vorher hatten wir drei uns auch nett gegrüßt, wenn wir uns mal trafen, aber nach diesem Termin wedelte sie immer mit dem Schwanz. Ich freute mich jedes Mal für sie. Die Nachbarin zog nach einer Weile weg und als ich beide fünf Jahre später wiedersah, lief Ziska mit ihren mittlerweile vierzehn Jahren immer noch leichtfüßig und hatte keinerlei Rückenprobleme.

Übrigens: „Das hat sie noch nie gemacht!" oder „Das macht er sonst nur bei uns!" wird man öfter hören, wenn man mit Reiki arbeitet.

Nach meiner Erfahrung hat man die Wahrnehmung eines Vibrierens eher bei einer Entzündung, ein Pulsieren und Pochen meist bei einer Krankheit, eine Kühle oder Kälte häufig bei einer schwerwiegenden Organerkrankung oder bei einem Trauma.

Ein Fallbeispiel für eine empfundene Kühle und Kälte durch einen Byosen: *Immer am 12.12. eines jeden Jahres abends um neun Uhr beginnt das ehrenamtliche Fernreiki-Projekt „Reiki als Geschenk für Tierheim- und Pflegestellentiere" von uns, bei dem jede und jeder mitmachen kann. (168) Michaela machte mit und schrieb mir hinterher:*

„Beim Rüden Dobby kam mir sofort nach dem Händeauflegen ein Bild, wie er glücklich in einem Garten umherläuft und bei einer Familie ist. Nach ungefähr fünfzehn Minuten Reiki kam auf einmal ein Windhauch an meine Hände, obwohl ich kein Fenster oder eine Tür offen hatte. Dieser Windhauch wurde immer stärker und war dann nicht mehr nur an den Händen, sondern am ganzen Körper. Er kam von links und ging nach rechts. Ich hab gefroren und meine Hände und mein Körper haben gekribbelt. Dieses Gefühl hat einige Zeit angehalten. Später habe ich dann eine Wärme in den Händen wahrgenommen."

Auch wir anderen Mitmachenden bemerkten entweder am Reikifluss oder am Verlaufs-Byosen, dass Dobby noch etwas mit sich herumtrug. Er ist ein verschmuster Irish Terrier, der aber aufgrund der ungenügenden Erziehung durch seine erste Familie bei ihnen angefangen hatte zuzuschnappen. Daraufhin wurde er von ihnen abgegeben. In seinen vier Jahren war er schon bei drei Familien, die mit seinem Schnappen nicht zurechtkamen. Davon war anscheinend noch etwas geblieben, das die Reikienergie nun anfing zu harmonisieren. Dobby ist seit einem halben Jahr auf einer sehr guten Pflegestelle, bereit zur Vermittlung in ein ideales Für-immer-Zuhause. Auf dieser Pflegestelle blühte er durch ein gekonntes Training innerhalb des halben Jahres auf und ist jetzt ein sehr gut erzogener Best-Buddy. (169)

Bei Reikibehandlungen werden die Hitze der Stufe B, die Kälte der Stufe D oder das Schmerzempfinden der Stufe E sowie unangenehme Gefühle meist nach fünf bis zwanzig Minuten weniger, weil die Reikienergie anfängt zu wirken und zu harmonisieren. Die universelle Reikienergie ist per se harmonisierend, sie kann nichts anderes. Sie bringt Disharmonisches wieder in die ursprüngliche Harmonie.

Die Stufe E

Bei der Stufe E nimmt man einen permanenten Byosen wahr, weil etwas vorliegt, das dem Körper sehr stark zusetzt. Das kann eine Krebserkrankung sein, eine schwere Bronchitis, ein vorheriger Aufenthalt in der Massentierhaltung, eine Organerkrankung im fortgeschrittenen Stadium oder eine Druse-Infektion beim Pferd, die mit Husten, Fieber, Schmerzen, einem oft vereiterten Luftsack am Ohr und geschwollenen Lymphknoten einhergeht.

Weil dort viel Bedarf ist, wird der Bereich lange und stark Reiki ziehen. Bei schweren Themen wird sich sowohl der Verlaufs-Byosen als auch der Reikifluss oft über viele Termine hinweg gleichbleibend und intensiv und wie auf einem sehr hohen Bedarfslevel anfühlen. Manchmal kann man fühlen, wie viel Energie dem Körper fehlt.

Bei Stufe E sollte möglichst täglich behandelt werden. Am besten durch mehrere, zum Beispiel durch einen Heilkreis, wie er bei www.Reiki-Verband-Deutschland.de zu finden ist, oder mit Hilfe anderer Reikipraktizierender aus dem Bekannten- oder dem Social-Media-Kreis. Eine gemeinsame Fernreikiaktion zwanzig Minuten an jedem oder an jedem zweiten Abend kann viel bewirken. Wenn es besser wird, ändert sich die Stufe E über Stufe D zu Stufe C bis hin zur Heilung.

Ein Beispiel zur Stufe E: Zu dem monatlich stattfindenden, für alle offenen Reikiübungsabend in meiner Praxis brachte eine Teilnehmerin ihre beiden Nachbarn und deren großen Hund mit. Sie waren an diesem Tag zu einer Routinebehandlung beim Tierarzt gewesen. Dessen Ärztin im Praktikum unterlief ein Behandlungsfehler, wodurch der vorher gesunde Hund innerhalb von weniger als einer halben Stunde fast starb und nach Rettungsversuchen nur noch apathisch war und sich kaum bewegen konnte. Fünf von uns behandelten ihn gleichzeitig zwei Stunden lang, ohne dass der Reikifluss anders war als konstant „sehr stark". Am Ende hatte der Hund in seinen Läufen wieder etwas Kraft. In seinen Augen war wieder etwas mehr Glanz, also mehr Chi. Und die beiden Halter hatten etwas mehr Hoffnung.

Manchmal bekommt man bei der Stufe E im Laufe der ersten fünf bis zwanzig Behandlungsminuten Schmerzen in den Fingerspitzen oder in der Hand, bei schweren Fällen können sie sich bis zum Oberarm hochziehen. Auch Gefühle wie ein schweres Herz, eine Trauer oder ein Weinen sind möglich. Das sind Emotionen, die mit der Disharmonie zusammenhängen.

Nimmt man solche körperlichen und emotionalen Befindlichkeiten bei sich selbst beim Behandeln eines Tieres oder Menschen wahr, dann bekommt man gerade keine Krankheit ab und es findet auch keine Übertragung statt! Sondern man nimmt einfach nur völlig korrekt die schweren Disharmonien eines anderen Körpers wahr.

Wer diese Minuten nicht durchhalten möchte, beendet die Direkt- oder die Fernbehandlung und nimmt seine Hände weg. Dann hören die Wahrnehmungen auf. Falls das Gehirn die Wahrnehmung gespeichert hat, so wie man das auch von einem Nachgeschmack im Mund her kennt, dann reibt man die Hände an der Kleidung ab oder hält sie kurz unter Wasser. Dass die Wahrnehmungen weggehen, sobald man die Hände von einer bedürftigen Stelle eines Körpers entfernt, ist das Zeichen dafür, dass es „nur der Byosen war".

Die Stufe F

Bei Stufe F ist kein Verlaufs-Byosen wahrnehmbar. Das kommt zum Beispiel bei der Behandlung eines kollabierenden Organs vor oder wenn ein Organ nicht mehr selbständig arbeitet, sondern dessen Funktion künstlich durch Maschinen am Leben erhalten wird. In dem Fall kann auch bei anderen, nicht kranken Körperbereichen keine Reaktion mehr auf eine Behandlung spürbar sein. Die Stufe F ist auch wahrnehmbar, wenn es um Leben oder Tod geht. Bei Reikigaben für Sterbende kommt sie ebenfalls vor.

Den normalen Verlaufs-Byosen Stufe F wird man bei Tieren nur selten erleben, denn in der Regel wird bei solchen schweren Umständen den Haltern und Halterinnen geraten, ihr Tier umgehend einschläfern zu lassen.

Bei dem mutterlosen Welpen, von dem ich bei der 6. Körper-Byosenstufe schrieb, war kein Verlaufs-Byosen bei der Reikibehandlung zu bemerken.

Bei der Einnahme von starken Schmerzmitteln ist zu beachten:

Wenn das behandelte Tier oder der behandelte Mensch starke Schmerzmittel einnimmt, dann kann es ebenfalls sein, dass man keinen oder nur einen schwachen Byosen spürt. In dem Fall bedeutet der kaum oder gar nicht wahrnehmbare Byosen nicht das Vorhandensein der Stufe F, sondern er steht für die Auswirkungen der starken Schmerzmittel auf den Körper.

Auch wenn es sich bei Stufe F so anfühlt, als ob kein Reiki fließt und als ob der betroffene Körperbereich oder der Körper nicht mehr auf die Reikienergie zu reagieren schafft, kann man es trotzdem mit Reikigaben versuchen. Denn es gibt Berichte, wonach auch in extremen Fällen eine Verbesserung mithilfe von Reiki geschah. (170) Aber es gibt keine Garantie, wie generell nicht, und es wäre auch ein Wettlauf mit der Zeit.

Bei der Stufe F könnte man die betroffene Stelle entweder direkt behandeln, die Byogen-Grundbehandlung mit den sieben Positionen, die Gemeinschaftsbehandlung Shuchu oder die Tandentechnik nehmen.

Der vierte Präsident der Usui-Reiki-Gakkai, der Schullehrer Yosiharu Watanabe, der oft gemeinsam mit seiner Frau behandelte, wandte die Tandentechnik bei einem lebensgefährlich erkrankten Kind an. Die Ärzte hatten nichts mehr tun können, dank Reiki wurde es wieder gesund. (171)

Beim Shuchu können gleichzeitig die drei Bereiche Kopf, Nieren und Herz behandelt werden, bei Notfällen noch zusätzlich das Tanden und das Basis-, Herz- und Solarplexuschakra. Auf diese Weise kann der Körper Energie über seine intakteren Bereiche aufnehmen und sich so die Chance erhöhen, dass sich das Blatt noch wendet.

Bei sterbenden Tieren legt man am besten die Hände nur federleicht auf oder hält sie schwebend darüber. Denn Sterbenden sind aufgelegte Hände oft zu schwer. Selbst ein Kraulen oder Streicheln kann nun zu viel sein.

Bei einer Katze, die starb, war es ein ganz weicher, schöner Reikifluss, der beim Abschied floss.

Die Stufe G

Nach dem Versterben gibt es bezüglich des Körpers keinen Verlaufs-Byosen mehr. Allerdings ist es möglich, dass man zu der Seele, die sich auf den Weg in den Himmel macht oder dort schon angekommen ist, noch einen Reikifluss und auch noch einen Verlaufs-Byosen spürt. Der kann zart bis kraftvoll sein und auch mit Gefühlen einhergehen. Bei sterbenden oder verstorbenen Tieren kann man sogar einen „glücklichen Byosen" verspüren.

Wenn ein Tier verschwunden ist, dann kann es in dieser Zeit durch Fernbehandlungen per Foto mit Reiki versorgt werden. Dabei ist es auch möglich, etwas über seinen Zustand zu erfahren.

Bei einer Verlaufs-Byosenstufe A wäre es gut möglich, dass sich ein seit Tagen verschwundener Freigängerkater nur nach den Miezen umsieht und sich in der Nachbarschaft durchfuttert. Sollten bei Reikigaben nach Wochen des Vermissens immer wieder die Stufe Null oder A wahrgenommen werden, dann wird das Tier sehr wahrscheinlich in einem neuen Zuhause wohnen, in dem es ihm sehr gut geht. Nimmt man die Stufen D und F wahr, dann geht es einem Tier nicht gut. Bei G, wenn es keinen Reikifluss und keinen Verlaufs-Byosen mehr gibt, ist es verstorben.

Wenn Cornelia, eine der Frauen des Fernreiki-Tierprojektes, Reiki auf Fotos fließen lässt, dann weiß sie schon bald, ob ein Tier lebt oder verstorben ist. Denn bei ihr geht bei Verstorbenen die Reikienergie ganz klar nicht auf das Foto, sondern nach oben hin weg. Diese Besonderheit bemerkte sie das erste Mal bei einer Fernreikibehandlung für ein vermisstes Tier, das, wie es sich später herausstellte, zu diesem Zeitpunkt schon verstorben war. Ihre Wahrnehmungen hierzu haben sich seitdem immer wieder bestätigt.

Auf den vorangegangenen Seiten habe ich wesentliche Teile des Byosen-Themas komprimiert dargestellt. Das Thema ist noch umfangreicher, aber ich wollte hier nicht den Rahmen sprengen. Deshalb habe ich ein Extrabuch zum Byosen geschrieben. In dem Buch „Byosen – eine Reiki-Technik von Mikao Usui" gehe ich, neben den hier schon beschriebenen Grundlagen, ausführlicher auf die unterschiedlichen Wahrnehmungen bei den einzelnen Stufen ein und auf die Dauer der Wahrnehmungen bei Behandlungen. Es gibt erläuternde Grafiken zu den Verläufen aller Stufen des Körper- und Verlaufs-Byosens sowie Tipps, wie man am besten die Byosen- und die Rei-ji-Ho-Technik üben kann, u. a. m.

Für das Wahrnehmen des Byosen oder des Reikiflusses braucht es eine gewisse haptische Sensibilität, die man trainieren kann, so wie das damals bei Miako Usui gemacht wurde. Dann kann man Informationen erhalten. Vermag man beides nicht wahrzunehmen, dann macht das überhaupt nichts! Denn sie sind zusätzliche Wahrnehmungen, aber keinerlei Voraussetzungen für eine Behandlung. Die einzige Voraussetzung für eine erfolgreiche Behandlung ist, den 1. Grad zu haben und seine Hände aufzulegen.

6. Reiji-Ho

Das Wort „Rei" ist das „Rei" von Reiki und bedeutet „universell", „ji" heißt „Indikation", „zeigen" sowie „Hinweis", „Ho" heißt „Technik".
Bei dieser Technik führt die Reikienergie die Hände zu Problemstellen hin. Mithilfe dieser Technik ist es möglich, herauszufinden, an welchen Stellen der Körper Hilfe braucht. Mit Reiji-Ho können aktuelle, chronische und unbewusste Disharmonien und auch der ursächliche Ausgangspunkt für ein Symptom gefunden werden.
Hawayo Takata schrieb am 10.12.1935 in ihren Aufzeichnungen zu der von ihr gerade erlernten Reiji-Technik: Man sitzt dafür in der Gasshohaltung und „wartet auf das Zeichen, um mit dem Praktizieren zu beginnen." (172)
Wanja Twan, die Ende der 1970er Jahre von Hawayo Takata in den 1. bis 4. Reikigrad ausgebildet wurde, berichtet in ihrem Buch „In the Light of a Distant Star" von ihrem ersten Seminartag: Während Hawayo Takata von der Entstehung der Reikimethode erzählte, behandelte sie zeitgleich einen Mann auf dem Wohnzimmertisch, um den die anderen Teilnehmerinnen und Teilnehmer auf ihren Stühlen saßen. Wanja schreibt: „Ich hörte ihr konzentriert zu, während ich ihre Hände beobachtete, die in einem bestimmten Muster über den Körper des Mannes wanderten, an einigen Stellen jedoch länger verweilten, dort, wohin das innere Wissen ihrer Hände sie zu führen schien." (173) Bei ihrem Unterricht in Nordamerika sagte Hawayo Takata öfter: „Die Reikienergie wird dich führen. Lasse die Reikihände es finden. Sie werden wissen, was zu tun ist." (174)

Für Reiji-Ho setzt oder stellt man sich neben das Tier oder die Person und beginnt mit Gassho. Bei Gassho werden auf Brusthöhe die Hände aneinandergelegt. Anstelle von Gassho kann zur inneren Ausrichtung auch darum gebeten werden, dass die Hände an die richtigen Stellen geführt werden. Dafür kann der Satz „Mögen sich meine Hände nun dorthin bewegen, wo sie am meisten gebraucht werden" gesagt werden oder man findet seine eigene Formulierung dafür. Von Mikao Usui ist kein Satz überliefert.
Die Augen können während Reiji-Ho geschlossen oder auch offen sein. Die Hände werden vor die Stirn gehoben. Die Arme bleiben dabei ganz locker. Dann lässt man die Hände von der Stirn weg auf den liegenden Körper des zu Behandelnden hinabsinken. Sie werden die Stellen finden.

Die beiden Hände können zusammen auf einer Stelle landen oder jede Hand auf einem anderen Bereich. Manchmal schweben die Hände wie suchend noch kurz über den Körper und senken sich dann langsam auf disharmonische Stellen. Oder sie plumpsen direkt auf den Körper. Ein andermal werden die Hände von einer Stelle angezogen, als wären dort Magnete. Es kann sich auch anfühlen, als würde die Hand rund dreißig bis fünfzig Zentimeter über dem Körper wie in ein Spurgleis einrasten, das direkt zu der disharmonischen Körperstelle hinführt. Dieses Geführtwerden bei Reiji-Ho ist immer wieder beeindruckend. Bei Reiji macht man selbst nichts aktiv mit seinen Händen, sie sollten dabei weder vom Verstand noch von einer eigenen Intention geleitet werden. Eine Frau stellte sich im Seminar vor, dass das nicht mehr ihre Hände sind, sondern frei schwebende Vögel, die sich unvorhersehbar auf Stellen niederlassen, zu denen es sie hinzieht. Bei Reiji tritt man als Person in den Hintergrund und stellt seine Hände als Mittlerinnen zwischen der universellen Energie und dem anderen Körper zur Verfügung. Das ist das Gleiche wie bei den Behandlungen, man selbst und die Hände sind nur ein Kanal, man selbst tut nichts, sondern dient.

Da es mehrere Problemstellen geben kann, empfiehlt es sich, den Ablauf noch ein zweites oder drittes Mal zu wiederholen. Sollten mehrere Stellen erfasst worden sein, dann spürt man nach, welche von allen angezeigten die am drängendsten wäre. Ich schlage in Seminaren und bei Übungsabenden vor, die Dringlichkeit auf einer Skala zwischen 0 und 10 einzuordnen, denn damit können die Ergebnisse von mehreren Teilnehmenden miteinander leichter verglichen werden. Bei mehreren Stellen würde man mit der beginnen, die einem selbst am dringendsten erscheint oder für die Person am dringlichsten ist. Bei Mikao Usui wurde ein durch Reiji-Ho oder Byosenscannen aufgefundener Bereich anschließend mit Reiki behandelt, indem die Hände dort direkt für zehn bis hundert Minuten aufgelegt wurden.

Bei Menschen wird in der Regel bei der Bauchseite begonnen und nach dem Umdrehen noch die Rückseite gemacht. Aber meist wird Reiji-Ho nur auf der Vorderseite durchgeführt. Bei Erwachsenen stellt man sich neben die Liege am besten zuerst auf Höhe des Brustkorbs, so dass man mit seinen Händen auf den Bereich von Kopf bis Bauch hinkommt. Dann stellt man sich auf Höhe der Oberschenkel, damit man die Hände auf den Bereich von Bauch bis Füße sinken lassen kann.

Da bei vielen Frauen die Arme im Vergleich zur Fallhöhe recht kurz sind, kann es für sie hilfreich sein, dem regulären Ablauf eine Kleinigkeit hinzuzufügen. Nach der Gassho und nachdem die Hände vor der Stirn gehalten wurden, hebt man sie nun noch nach vorne über den liegenden Körper auf der Höhe des eigenen Kopfes und lässt sie erst von dort auf den darunterliegenden Körper hinuntersinken. Mit diesem Trick geht es meist einfach, sich von seinen Gedanken, welche Stellen wohl die richtigen wären, frei zu machen und sich und die Hände nur als Dienende anzusehen.

Bei Kleintieren wie Hund, Katze und Kaninchen beginnt man am besten auf der Rückseite. Bei der Bauchseite muss man sehen, ob man da herangelassen wird. Es empfiehlt sich, die Hände sehr langsam auf das Tier abzusenken oder kurz über dem Fell oder den Federn anzuhalten.
Bei Großtieren wie Pony, Esel, Kuh und Pferd ist es am einfachsten, Reiji-Ho einmal auf der einen Körperseite für den Bereich Kopf plus Hals, dann beim Brustkorb plus oberen Rücken plus Oberbauch plus Vorderbein zu machen und anschließend beim unteren Rücken bis zum Schwanzansatz plus Unterbauch plus Hinterbein. Das Gleiche erfolgt danach auf der anderen Körperseite.

Diese Technik übt sich am einfachsten erst einmal an einem Menschen zusammen mit anderen. Dafür legt sich eine Person hin und eine zweite macht Reiji bei ihr. Dann skizziert oder kreuzt sie sich auf einem Papier anhand einer Strichmännchenskizze alle Stellen an, auf denen ihre Hände landeten. Danach macht die nächste Person Reiji, schreibt ebenfalls alles auf und dann die dritte und alle weiteren. Die anderen sehen während der ganzen Zeit weg, um nicht beeinflusst zu werden. Am Ende werden die Aufzeichnungen untereinander verglichen und die liegende Person wird gefragt, ob sie mehr zu den Stellen weiß.
Bei Reiji-Ho landen die Hände bei aktuellen, aber auch bei schlummernden und verdrängten Themen. Das ist der Unterschied zum Byosenabscannen, bei dem keineswegs ausschließlich, aber doch eher die aktuellen Themen erfasst werden.
Im Aufbauseminar machen wir nach dem Reiji-Ho immer eine zweite Übungsrunde mit dem Abscannen des Byosen. Das wird bei einer liegenden Person oder einem Tier gemacht, während alle anderen wegschauen oder

mit einer anderen Person oder einem anderen Tier beschäftigt sind. Dann werden die auf dem Papier skizzierten Stellen, die man mit Reiji-Ho und dem Byosenabscannen herausgefunden hat, miteinander verglichen. Manchmal sind es die gleichen, manchmal sind es nur zum Teil oder auch gänzlich unterschiedliche Stellen, die gefunden werden.

Bei Susi wurde ein Jahr später, nachdem ich sie aufgenommen hatte, im Seminar ein Byosen-Check gemacht. Dabei bemerkten alle nichts. Bei Kopf, Herz, Rücken, Bauch und Beinen war alles gut. Das konnte ich bestätigen.

Aber beim Reiji-Ho landeten die Hände von allen auf einer Stelle. Niemand hatte dabei ein drängendes Gefühl, sondern es war nur mit einem neutralen „da ist was" verbunden. Da war auch wirklich etwas. Dort lag, unter ihrem dicken Fell versteckt, ein Fettlipom. Das hatte sie schon mitgebracht. Als ich Susi aufnahm, wog sie einundzwanzig Kilo, nach einem Jahr war sie auf vierzehn Kilo Normalgewicht. Ihr vorheriger Halter hatte seine Liebe zu ihr über Jahre damit ausgedrückt, dass er ihr viel gutes Essen gab.

Lipome sind kleine abgekapselte Geschwulste aus Fettzellen in der Oberhaut. Weil diese Lipome deshalb für einen Organismus kein Problem darstellen, wurden sie wahrscheinlich bei dem Byosenscannen nicht bemerkt. Meine Tierärztin hatte mir zu den Lipomen erklärt: „Lipome sind gutartig. Die Ursachen ihrer Entstehung sind unbekannt. Vielleicht hängt solch ein Fettlipom damit zusammen, dass der Körper Sachen einlagerte, die er nicht mehr schaffte abzubauen." Susis Körper strahlte aus, dass für ihn an dieser Stelle trotz Gutartigkeit etwas nicht ganz normal war. Das wurde mit der Reiji-Technik erfasst.

7. Die gezielte Direktbehandlung

Die direkte Behandlung ist eine einfache und doch höchst wirkungsvolle Behandlungsmöglichkeit. Bei der Direktbehandlung legt man eine Hand oder beide Hände auf eine Problemstelle direkt auf. Man kann seine Hand beziehungsweise Hände auch etwas darüber halten, wenn ein Auflegen nicht stimmig ist. Mehr braucht man nicht zu tun.

Die Hand beziehungsweise die beiden Hände bleiben an dieser Stelle so lange, bis eine spürbare Veränderung oder die Heilung eingetreten ist. Eine Direktbehandlung kann je nach Sachverhalt zwischen fünf Minuten und zwei Stunden dauern oder bei schweren Erkrankungen Anwendungen über Wochen oder Monate erfordern. Kimiko Koyama sagte über die direkte Behandlung: „Behandele besonders bei der ersten Behandlung das betroffene Körperteil ganz intensiv. So wird die Krankheit tiefgehend geheilt." (175)

Jedes Tier ist wie jeder Mensch ein kompletter Organismus. Da man einen Organismus als solchen behandelt, spielt die Größe oder das Gewicht keine Rolle. Die Behandlung einer Frau mit 60 kg Körpergewicht kann bei der gleichen Byosenstufe genauso lange dauern wie bei einem 160 kg wiegenden Mann oder einem 230 kg schweren Shetlandpony, einem 30 kg schweren Hund oder einem Kind mit 10 kg Gewicht. Weil immer ein vollständiger Organismus behandelt wird, richtet sich die Dauer einer Reikibehandlung nicht nach dem Gewicht oder der Größe, sondern nach der Schwere des körperlichen oder des emotionalen Problems.

Ein vernachlässigtes Meerschweinchen, das aus einem Messi-Haushalt geborgen wurde, zog sich eine ganze Stunde lang massiv Reiki.

Ein großer Pluspunkt dieser Technik ist, dass nur an einer einzigen Stelle behandelt wird, deshalb ist sie für unruhige oder scheue Tiere gut geeignet!

Mikao Usui führte die Direktbehandlung nicht explizert als Technik auf, obwohl sie von ihm und in der Gakkai oft angewandt wurde und in dem Interview, das im 2. Kapitel vom Hikkei abgedruckt ist, ausführlich von ihm beschrieben wird. In dem Interview antwortete Mikao Usui auf die Frage: „Braucht man für die Reikimethode medizinisches Wissen?": „Meine Heilmethode ist eine spirituelle Methode, die nichts mit der modernen Wissenschaft zu tun hat. Deshalb braucht man kein medizinisches Wissen. Wenn eine Krankheit am Kopf auftritt, dann behandele ich den Kopf. Wenn es

Magenschmerzen sind, dann behandele ich den Magen. Wenn es eine Augenkrankheit ist, dann behandele ich die Augen. Man braucht keine bittere Medizin einzunehmen oder sich einer heißen Moxibustion zu unterziehen. Die Behandlung erfolgt durch das Auflegen der Hände oder dem Anschauen der betroffenen Stelle, durch ein Anpusten oder ein Darüberstreichen." (176)

Bei eindeutigen Problemen, zum Beispiel einer Entzündung oder einer Verspannung, wurden in der Gakkai die Hände gleich auf die betroffene Stelle aufgelegt. Bei diagnostizierten Krankheiten nahm man die Handpositionen aus dem Hikkei oder andere Reikitechniken. Wenn erst mithilfe der Byosentechnik oder der Reiji-Technik klar geworden war, an welcher Stelle der Körper welche Probleme hatte, dann wurde anschließend die herausgefundene Problemstelle durch das direkte Auflegen der Hände behandelt oder mithilfe anderer Techniken.

Im westlichen Kulturraum wird in der Ausbildung in den 1. Grad die Direktbehandlung nicht gelehrt. Wenn überhaupt, dann wird die direkte Behandlung nur mündlich als eine Möglichkeit erwähnt oder als eine „Sonderposition" bezeichnet. (177) Dass sie nicht gelehrt wird, hat damit zu tun, dass Hawayo Takata nach dem Kriegsausbruch ab 1942 sicherheitshalber im 1. Grad nicht mehr die von Chujiro Hayashi erlernten Techniken weitergab. Sie lehrte ab da nur noch die von ihr konzipierte Ganzkörperbehandlung, die sie die „Foundation Treatment", die „Grundbehandlung", nannte. Diese hatte bei ihr insgesamt zwölf Handpositionen.

Die sind auf der vorderen Körperseite: 1. Gesicht, 2. Ohren, 3. Hinterkopf, 4. Brustkorb, 5. oberer Bauch, 6. mittlerer Bauch beim Nabel, 7. Unterleib. Nach dem Umdrehen folgen auf der hinteren Körperseite: 8. oberer Brustkorb, 9. unterer Brustkorb, 10. Nierenbereich, 11. Kreuzbeinbereich, 12. Gesäß. Nur bei Bedarf wurden auch noch 13. die Knie und 14. die Füße mitbehandelt. Bei jeder Position wird drei bis fünf Minuten verweilt.

Über die Jahre wurden von anderen westlichen Reikilehrerinnen und Reikilehrern weitere Positionen hinzugenommen, zum Beispiel der Hals, die Schultern oder eine vierte Bauchposition. Die zwei Positionen Knie und Füße sind mittlerweile fast überall ein fester Bestandteil einer Grundbehandlung. In Europa, Amerika und Australien variiert aufgrund dieser Weiterentwicklungen die Anzahl der Handpositionen deshalb heute zwischen zwölf und zwanzig.

Viele Reikipraktizierende entdecken selbst die Direktbehandlung, weil sie bei einem Problem dachten: „Vielleicht hilft es ja, wenn ich meine Hände nur dort auflege?" und daraufhin die positiven Veränderungen bemerkten. Sie machten damit das Gleiche wie Mikao Usui.

Bei ihm wurden bei der Direktbehandlung und auch bei anderen Behandlungstechniken die Hände einfach nur aufgelegt. Bei manchen Techniken, wie bei Reiji-Ho, wurde vorher noch die Gassho gemacht. Mehr nicht.
Bei Mikao Usui und in der Gakkai gab es kein vorheriges Auraausstreichen, keine Bitten oder Gebete, kein wie auch immer geartetes Schutzritual, kein Zeichnen von Symbolen aus dem 2. oder 3. Grad außer bei der Fern- und der Mental-Emotional-Behandlung, kein zusätzliches Verbinden über ein Chakra, kein extra Erden oder anderes.
Diese Sachen wurden erst viel später im westlichen Raum von einigen dazugenommen. Viele Reikilehrerinnen und Reikilehrer kennen diese späteren Hinzufügungen nicht und lehren sie deshalb auch nicht.
Man kann das alles machen. Aber nötig ist das nicht, wie die beeindruckenden Reikierfolge von Mikao Usui, den Mitgliedern der Usui-Reiki-Gakkai und den vielen, die in den letzten hundert Jahren bis heute ganz normal „einfach nur Reiki fließen lassen", belegen. Hawayo Takata sagte oft als Hinweis: „Hand on, Reiki on." – „Hand drauf, Reiki an." (178)

Bei der Direktbehandlung können bei Bedarf die Hände auch auf zwei Körperstellen gleichzeitig aufgelegt werden. Zum Beispiel bei einer Katze eine Hand auf ihr entzündetes Ohr und die andere Hand auf ihren Durchfallbauch. Dass man die Hände zur gleichen Zeit auf unterschiedliche Bereiche auflegt, kennt man auch bei der Ganzbehandlung. Da liegt bei der Bauchposition die eine Hand auf der Leber und die andere Hand auf dem Magen.
Lässt sich ein Tier nicht an der Stelle anfassen, vielleicht weil es dort gerade Schmerzen hat, dann beginnt man erst einmal an einer Stelle, die das Tier zulässt.
Bei einer Katze mit einem gerade von der Tür eingeklemmten Schwanz wären das vielleicht der Herzbereich und der Bauchbereich, wo der Schreck und der Schock noch sitzen. Nach der Beruhigung und Harmonisierung der emotionalen Auswirkung kann man nach einer Weile vielleicht schon die Hände vom Herz- oder Bauchbereich wegnehmen und sie einige Zentimeter schwebend über den schmerzenden Schwanz halten.

Ein genereller Hinweis: Ein Problem sollte tierärztlich oder ärztlich untersucht und behandelt werden, denn die Reikimethode kann natürlich keine tierärztliche oder ärztliche Diagnose und Behandlung ersetzen. Die Reikimethode ist eine Energiemethode, die ärztliche Kunst ist eine Methode, die sich dem Körper, also der Materie widmet. Beide ergänzen sich sehr gut. Viele Tier- und Menschenärzte und -ärztinnen arbeiten mit Reikipraktizierenden zum Wohle der Kranken interdisziplinär zusammen. Manche von ihnen bieten auch selbst Reiki an.

An welcher Stelle behandelt werden soll, geben entweder die Halterinnen und Halter oder die Tierheimangestellten vor. Oder die Tiere, wenn sie sich von sich aus so unter hingehaltene Reikihände schieben, dass die Hände dann auf der Stelle liegen, an denen sie Hilfe brauchen.

Christine schrieb mir: „Wenn in der Vergangenheit mein dreizehnjähriger Rüde Paul neben mir auf der Couch lag und ich ihm einfach mal Reiki zukommen lassen wollte, ist er jedes Mal umgehend aufgestanden und weggegangen. Vor ein paar Monaten begann er vorne links stark zu lahmen. Da kam er zu mir auf die Couch und hat mich angestupst und aufgefordert, ihm die Hände aufzulegen und Reiki zu geben! Immer wenn ich aufhören wollte und die Hände von ihm weggenommen habe, hat er mich angeschaut, mich mit der Pfote angestupst und mich so aufgefordert weiterzumachen. So etwas hatte ich bei ihm noch nie erlebt! Erst nach einer Stunde Reiki stand er auf und ging weg. Am nächsten Tag war die Lahmheit schon besser, nach zwei Tagen mit Reiki war sie weg.

Vor drei Tagen hatte er plötzlich Durchfall und wohl auch Bauchschmerzen. Er kam wieder zu mir auf die Couch, legte sich auf seinen Rücken und forderte mich wieder auf, ihm die Hände auf seinen Bauch aufzulegen."

Drei Einsatzmöglichkeiten der Direktbehandlung:

1. Zur Heilung

~ Katrin kam zum Aufbauseminar „Reiki für Tiere" mit den Hunden Hurley und Isy. Für vierzig Minuten legten zwei Teilnehmerinnen ihre Hände direkt auf den Rücken und auf die Hüfte von Hurley auf. Zwei andere Frauen hielten ihre Hände über die Pfotenwunde von Isy. Katrin schrieb mir abends als Feedback: „Ich wollte kurz Rückmeldung geben. Hurley läuft jetzt viel besser! Und Isy geht weniger an die offene Stelle an seiner Pfote!"

~ Eine Frau schrieb mir am 26.5.: „Bobby bewegte sich kaum noch vorwärts. Der Tierarzt meinte, es ist ein Hufabszess. Eine Heilung dauert normalerweise Wochen. Nach zehn Minuten Reiki am Huf ging Bobby weg. Er bekommt ab heute jeden Abend zusätzlich noch Fernreiki von einer anderen Frau." Am 27.5.: „Heute Mittag habe ich Bobby dreißig Minuten behandeln dürfen. Er stand mit gesenktem Kopf, hatte die Augen geschlossen und es sichtlich genossen. Keine Unruhe, kein Ausweichen, kein Wegrennen mehr wie gestern. Er hat gleich zu Beginn der Behandlung gekaut und geleckt und abgeäppelt." Am 28.5.: „Es geht ihm heute deutlich besser! So gut, dass ich ihn schon eine Stunde im Schritt führen konnte. Danach waren die Beine deutlich abgeschwollen, die Lahmheit auf ein Fünftel runter. Obwohl ich ihn nun nicht mehr als lahm bezeichnen würde, sondern nur noch etwas in seiner Bewegung eingeschränkt." Am 1.6.: „Bobby geht es sehr gut. Ich kann ihn schon wieder reiten und er ist voller Freude dabei. Er geht absolut nicht mehr lahm! Ich bin überglücklich, dass es ihm wieder so gut geht."

2. Zum Stärken einer Beziehung

Eine Frau erzählte mir, dass sie ihrem Pferd nach der ausgiebigen Begrüßung immer für fünf Minuten die Hände links und rechts am Kopf auflegt. Das genieße der Wallach mehr als ein fünfminütiges Kraulen. Wenn sie es mal vergisst, dann stupst er sie so lange an, bis sie es nachholt. Sie meinte, durch diese regelmäßigen Reikiminuten habe sich ihre Beziehung spürbar vertieft.

3. Zum Guttun

Mit einer Reikigabe kann man seinem Tier auch mal zwischendurch im Alltag etwas Gutes tun. Es ist ein Wohlfühlgeschenk, und im Gegensatz zu Leckerlis ganz ohne Kalorien. Oft reichen schon zehn Minuten aus, um ein Tier glücklich zu machen.

Monika lebt mit vielen Tieren zusammen. „Daher hat es sich ergeben, Reiki anzuwenden, wenn es nötig war. Reiki habe ich ja immer bei mir und es fließt sofort. Das hat mir von Anfang an so sehr daran gefallen. Auch meinen vielen Tieren, die nicht krank sind, kann ich jeden Tag Reiki geben. Das ist einfach toll! Sie genießen es wie den Sonnenschein."

8. Shuchu-Reiki

Das Wort „Shuchu" heißt „konzentriert". Diese Technik ist eine auf eine Person oder auf ein Tier konzentrierte Aktion.

Bei Shuchu-Reiki wird ein Tier gleichzeitig von mehreren behandelt, indem alle bei ihm die Hände auflegen. Die Hände können im Laufe der Behandlung auch auf andere Stellen gelegt werden, von denen man meint, die könnten ebenfalls Reiki gebrauchen. Es gibt keine Vorgaben für die Positionen.

Ein Shuchu-Reiki wird meist bei schweren Krankheitsfällen angeboten, um dem Körper eine möglichst große Energiezufuhr anbieten zu können.

Hawayo Takata wurde 1935, als sie schwerkrank war, in der Praxis der Hayashis mit Shuchu behandelt. „Die Empfangsdame war Chie Hayashi, Chujiro Hayashis Frau. Sie begrüßte Hawayo Takata und führte sie in den Behandlungsraum. Hier lagen acht Klienten und wurden von je zwei Behandlern betreut. Einer der Behandler begann an ihrem Kopf, der andere legte seine Hände auf ihren Bauch. Nach drei Wochen täglicher Behandlung fühlte sie sich viel besser." (179)

Ein weiteres Beispiel für eine Shuchu-Behandlung steht vorn beim Verlaufs-Byosen bei der Stufe E, als wir bei einem Reikiübungsabend einen schwer erkrankten Hund zwei Stunden lang zu fünft behandelten.

Shuchu-Reiki ist auch, wenn man gemeinsam mit anderen eine Person oder ein Tier mit Fernreiki behandelt. So wie wir das bei dem Terrier Dobby machten, siehe dazu den Bericht beim Verlaufs-Byosen bei der Stufe D.

Bei den weltweiten Fernreikiaktionen der Reiki-Association, die seit 1990 durchgeführt werden und bei denen alle mit 2. Grad mitmachen können, verwenden die Tausenden Mitmachenden die Shuchu-Technik. (180)

Bei Reikifestivals, Seminaren und Übungsabenden ist die Shuchu-Technik ebenfalls sehr beliebt. Dabei legt sich eine Person auf eine Liege und die anderen behandeln sie gemeinschaftlich.

Diese Technik kann neben effektiven Behandlungen auch dem gegenseitigen Beschenken dienen. Es ist ein gutes Gefühl, gemeinsam füreinander da sein zu können. Der Zen-Lehrer Thich Nhat Hanh meinte einmal: „Der nächste Buddha wird wohl nicht in Form eines Individuums erscheinen, sondern als ein Netzwerk, als eine große Gemeinschaft."

Die Shuchu-Behandlung ist eine sehr effektive Technik.

Wir waren beim Aufbauseminar „Tiere mit Reiki behandeln" zu sechst auf einem liebevoll geführten Reit- und Gnadenhof. Deren Besitzerin kenne ich schon länger. Die Ponys und Pferde von ihr und den Einstellerinnen und Einstellern werden geliebt und sehr gut versorgt. Von diesen rund zwanzig waren am Vormittag von ihr schon sieben von der Weide geholt worden und bewegten sich nun frei auf dem großen Tagespaddock. Ein „Paddock", englisch für „Koppel" oder „Pferch", ist ein leerer, eingezäunter Bereich mit einem Sandboden oder mit Gras. Sollen Pferde einen Teil des Tages auf einem Paddock bleiben, dann hat er auch noch Tränken und überdachte Heuraufen. Ist es ein Paddock für Tag und Nacht, also auf dem die Pferde das ganze Jahr leben wie wir in einer Wohnung, dann steht auf ihm außerdem noch ein überdachter Offenstall. Der ist meist aus Holz und sieht wie ein großer Carport aus, mit Wänden an drei Seiten als Schutz gegen Wind und Wetter. Die Besitzerin hatte für uns schon einen großen Zettel vorbereitet, auf dem die Namen und Probleme der sieben standen. Das waren:

1. K., der geliebte Wallach der Pferdehofbesitzerin, wurde nach einer Druseinfektion, die im Winter alle Pferde vom Hof hatten, nicht wie alle anderen wieder gesund, sondern er lag oder stand seitdem viel auf der Stelle. Er hatte keine Schmerzen oder medizinischen Auffälligkeiten.

2. B., der große gemütliche Tinker, hatte seit sieben Jahren eine Dämpfigkeit, atmete also sehr schwer, und hatte außerdem immer wieder eine aufflammende Mauke. Diese Entzündung war an allen vier Hufen. Beides wurde mal besser, mal war es schlimmer.

3. C., eine magere Stute, war vor einem halben Jahr aus einer schlechten Haltung herausgeholt worden. Sie war davon traumatisiert und deshalb ängstlich und ließ kaum jemanden an sich heran. Gegenüber den anderen Pferden war sie selbstbewusst und mittelranghoch. Sie versuchte möglichst auf den Vorderbeinen zu stehen, um damit ihre hintere Rückenmuskulatur und ihre Hinterbeine, auf denen sie nicht normal auftrat, zu entlasten.

Gibt man beim Pferde-Magazin www.Cavallo.de bei „Menü" unter „Suche" die Stichwörter „Innere Krankheiten" ein, dann kommt man zu dem auch für Laien sehr hilfreichen Artikel „Innere Krankheiten von außen entdecken". Die Symptome von C. könnten laut dem Artikel auf schmerzhafte Probleme mit Rücken, Magen, Darm, Niere oder auf ein falsches Training hinweisen. Dieser Artikel ist auch für Reikipraktizierende interessant, denn dort stehen nachvollziehbare Erklärungen, weshalb ein Pferd an manchen Stellen empfindlich auf aufgelegte Hände reagiert.

Diese drei Pferde hatte ich vorher ehrenamtlich schon zwei- beziehungsweise dreimal vor Ort direkt behandelt. Bei C. stand ich auf der Wiese und sandte ihr aus einigen Metern Fernreiki. Beim zweiten Termin konnte ich C. schon aus drei Metern Fernreiki geben. Dabei schnupperte sie am En-de der Session, da ich während des Fernreiki die ganze Zeit ganz still stehen geblieben war, neugierig an meinen Händen. Pferde untersuchen öfter, was es mit diesen „Reikihänden" auf sich hat, um sich einen Reim darauf zu machen, weshalb die so anders sind als die Hände von anderen.

4. P., ein ruhiges Pony, das keine körperlichen Beeinträchtigungen oder Schmerzen hatte, dafür aber fast immer „keinen Bock" oder „schlechte Lau-ne", also ein emotionales Problem hatte.

5. J., ein zurückhaltendes Pony, dem ich ebenfalls vorher schon zweimal aus drei Metern Entfernung Fernreiki angeboten hatte. Er blieb dabei mir gegenüber beide Male sehr distanziert.

6. M., eine große, kräftige, sehr würdevolle Warmblutstute, die Liebe pur ist, war verschnupft und hatte im Vorderbein ein Muskelproblem.

7. Z., ein altes Pony mit einer akuten Mückenallergie.

Jede der Teilnehmerinnen begann achtsam allein oder gemeinsam mit an-deren ein Pferd nach dem anderen mit Reiki zu behandeln. Entweder an den geschilderten Problemstellen oder an dem einem Problem entsprechenden Chakra. Wenn eine meinte, es sei erst einmal gut, ging sie nach einer kurzen Pause zu einem anderen Pferd oder Pony. Einige von ihnen wurden doppelt und dreifach behandelt. Bei manchen standen wir zu mehreren und machten Shuchu. Wir blieben zweieinhalb Stunden auf dem Paddock. Die vergingen wie im Flug und hinterher meinten alle, wie schön und erfüllend das gewesen wäre mit den Pferden und mit Reiki und so.

Nach zwei Tagen kam eine Mail mit einem Feedback von der Hofbesitzerin: „K. geht es jetzt sehr gut!

B., der es schon lange mit den Bronchien hat, hustet seitdem kaum noch!

Zu C., P. und J. habe ich noch keine Rückmeldung von den Besitzerinnen.

M.s begonnener Schnupfen ist weg!

Der alte Z. buckelt und keilt aus, wenn er allein über den Platz galoppiert. Diese drei Sachen hat er schon ewig nicht mehr gemacht!"

9. Die Hand- und Fingerpositionen aus dem Hikkei

Wollte jemand eine Reikibehandlung zu Mikao Usuis Zeiten, dann war der Person die Ursache seines Problems entweder schon bekannt oder die Ursache wurde mithilfe der Byosentechnik beziehungsweise der Reiji-Technik herausgefunden.

Dann gab es drei Möglichkeiten:

a) es erfolgte eine Direktbehandlung

b) man nahm eine andere Reikitechnik

c) man suchte die entsprechenden Behandlungspositionen aus dem Hikkei-Handbüchlein heraus. Das postkartengroße Hikkei bekamen alle, die die Ausbildung in den Shoden, den 1. Grad, bei Mikao Usui absolvierten. Dort im 3. Kapitel „Ryoho Shishin", in den „Richtlinien für die Behandlung", waren die jeweiligen Finger- oder Handpositionen für die gezielte Behandlung von Krankheiten aufgelistet. Zum Beispiel die für Infektionskrankheiten, bei Erkrankungen der Atemwege, der Nerven, des Blutes, der Haut, des Verdauungssystems, des Kreislaufsystems, des Stoffwechsels und für alle Organe. Jede Position wurde einige Minuten lang mit Reiki behandelt.

Diese festen Abfolgen reichen je nach Erkrankung von zwei bis zu über zehn festgelegten Positionen.

Nur zwei Positionen sind es zum Beispiel bei der Unterstützung der Geburt: Bei der 1. Position liegt eine Hand auf dem Kreuzbein und die andere auf dem Steißbein, bei der 2. beide Hände über das Geschlechtsorgan halten.

Drei Positionen waren von Mikao Usui für die Behandlung von Ohrproblemen vorgegeben: 1. Die Finger einer Hand auf den Gehörgang des betroffenen Ohres legen. 2. Zwei Finger der Hand vor, die anderen zwei hinter dem Ohr auf die Kopfhaut platzieren. 3. Den Mittelfinger auf den obersten Halswirbel legen und die andere Hand auf den Scheitel.

Vier Positionen gab es für Augenprobleme: 1. Je vier Finger flach auf beide Augen legen. 2. Jeweils den Daumen und Zeigefinger einer Hand links und rechts auf den Nasenflügel am Nasenansatz legen. 3. Auf beiden Körperseiten zwischen Augenwinkel und Schläfen die Fingerspitzen legen. 4. Die eine Hand auf die oberen Halswirbel und die andere auf den Scheitel legen. Zehn Positionen und als Abschluss noch die Ausstreichtechnik Hanshin sind es bei der Behandlung einer Diabetes.

Als ich mir vor rund fünfzehn Jahren die Hand- und Fingerpositionen genauer ansah und sie ausprobierte, stellte ich fest, dass eine beträchtliche Anzahl von ihnen auf den in China und Japan allgemein bekannten Akupunkturpunkten liegt. So ist die 2. Augenposition in China unter Schulkindern und Managern bekannt. Denn wenn man Daumen und Zeigefinger ein bis drei Minuten auf diese beiden Stellen presst, wird man wacher und aufnahmebereiter. Das wiederholte Drücken dieser beiden Punkte hat mich schon bei manchen späten Autofahrten wachgehalten.

Ich hatte diese beiden und etliche andere Akupunkturpunkte und die Grundlagen der traditionellen chinesischen Medizin in den 1990er Jahren beim Qigong- und Kung-Fu-Training kennengelernt. Unser Kung-Fu-Lehrer war darin ausgebildet. Qigong und Kung Fu sind zwei über 1.500 Jahre alte chinesische Methoden, um Körper und Geist in Harmonie zu bringen. (181) Beim Qigong- und Kung-Fu-Training hatte ich auch deren klassische Techniken das „Tanden mit Energie aufladen", das „Senden von universeller Chi-Energie", „Jacki-Kiri Joka-Ho" und „Kenyoku" kennengelernt. Diese vier Techniken fand ich bei den Reikitechniken wieder. „Kenyoku" ist eine häufig angewandte Übung aus dem Qigong. Einige der von Mikao Usui unterrichteten Techniken basieren auf der altchinesischen Medizin mit ihrem Meridiansystem, den drei Tanden und den Akupunkturpunkten. Das sind zum Beispiel die Abstreiftechnik „Kenyoku", die Reinigungstechnik „Jacki-Kiri Joka-Ho", die den Tanden mit Energie aufladende „Tanden-Behandlung", die Ausstreichtechniken „Hanshin", „Hatsurei-Ho" und „Nadete" sowie die Klopftechnik „Uchite" und die Akupressurtechnik „Oshite".

Die traditionelle Medizin Chinas ist mehrere Tausend Jahre alt. Aus der Zeit um 900 v. Chr. existieren Zeichnungen von dem chinesischen Reitergeneral Synyang zur Akupunktur von Pferden. (182) Vor rund zweitausend Jahren wurde das „Shanghan Zabing Lun", die weltweit älteste existierende klinische Abhandlung der Medizingeschichte, geschrieben. (183) Die altchinesische Medizin verbreitete sich vor mehreren hundert Jahren von China aus nach Vietnam, Korea, Laos und Japan. (184) In Japan gab es seitdem, auch zu Lebzeiten von Mikao Usui, Bücher mit Anleitungen zur chinesischen Medizin, zur Akupunktur und Akupressur.

Das Prinzip der Akupunktur ist auch für Laien schnell verständlich und leicht anwendbar. Man sieht in einem Buch unter der Erkrankung nach, welche Akupunkturpunkte dazu angegeben sind. Diese Punkte können von dafür Ausgebildeten mit einer Akupunkturnadel oder einer Moxibustion oder einem Ausstreichen und Beklopfen und von jedem Laien mit einem darauf gepressten Finger stimuliert werden. Solche Nachschlagebüchlein gab es in Japan für alle schon vor 1900 zu kaufen. Die alte chinesische Medizin und die Akupunktur werden bis heute in China und Japan von Laien im Alltag, genauso wie bei ärztlichen Untersuchungen, in Kliniken und von selbstständigen Akupunkteuren angewandt. Vier Einstiegsbücher zur Akupunktur und Akupressur für Laien zur Selbstanwendung wären beispielsweise: Von Hans Ewald „Akupunktur für jeden", von Michael Gach „Heilende Punkte", von Dr. med. vet. Katharina Seybold „Sanfte Medizin für meine Katze" und von Dr. med. vet. Ina Gösmeier „Akupressur für Pferde". Im Internet findet man heutzutage für jedes Problem von Mensch und Tier die entsprechenden Akupressurpunkte.

Mikao Usui kannte die Akupunktur. Er antwortete in dem Interview, das im Hikkei abgedruckt ist, auf die Frage „Braucht man bei der Reikimethode medizinische Kenntnisse?": „Meine Heilmethode ist eine spirituelle Methode. Deshalb braucht man kein medizinisches Wissen. Man braucht bei der Reikimethode keine bittere Medizin einzunehmen oder eine heiße Moxabehandlung auszuhalten." Bei einer Moxa oder Moxibustion wird ein zigarettengroßes, vorn glühendes Moxa-Bündel aus getrockneten Beifußpflanzen nah über der Haut über einen Akupunkturpunkt gehalten, der durch diese Hitze stimuliert wird. Die Erfinderin der Moxabehandlung ist die chinesische Ärztin Bao Gu (ca. 280–ca. 360). (176) Mit einer Moxa halfen im alten Japan die Ehefrauen ihren Männern, wie das schon in dem hundertsiebzig Jahre alten Hausbuch „Bansho Myohoshu" von 1853 abgebildet ist. (185) Mikao Usui setzte Reiki zum Teil zur Stimulierung von wichtigen Akupunkturpunkten ein. In dem von Frank Arjava Petter herausgegebenen Buch „Das Original Reiki-Handbuch des Mikao Usui" sind auf Fotos die fast achtzig Körperstellen dargestellt, die bei Mikao Usui mit Fingern und Händen behandelt wurden. Dort auf der Seite 72 ist beim Foto Nr. 9 die Behandlung der eben schon erwähnten 2. Position bei Augenproblemen mit Reiki abgebildet. Diese 2. Position ist der Akupunkturpunkt „B 1", der links und rechts am Nasenansatz liegt. Er ist auf dem „B", dem „Blasen"-Meridian, der 1. Akupunkturpunkt.

Auf der Seite 73 ist bei dem Foto Nr. 21 die Reikibehandlung des „LG 26" dargestellt. Der „LG 26" ist auf dem LG, dem „Lenker-Gefäß"-Meridian der 26. Akupunkturpunkt. Das chinesische Meridiansystem kennt zwölf Hauptmeridiane, die in Verbindung mit den inneren Organen stehen, und acht außergewöhnliche Meridiane, die in der Körpermitte verlaufen, sowie über dreihundert Akupunkturpunkte auf diesen Meridianen. Diese untereinander verbundenen Energieleitbahnen durchziehen den Körper wie ein Netz. (186) Der Blasenmeridian ist ein Hauptmeridian, der Lenker-Gefäß-Meridian gehört zu den außergewöhnlichen Meridianen.

Der LG 26 wird auch bei der Meridianbeklopftherapie MET/EFT mitbehandelt. Er ist ein bekannter Notfallpunkt in der chinesisch-japanischen Medizin. Bei Menschen liegt er hinter der Oberlippe am Lippenbändchen, wird aber stimuliert auf der darüberliegenden Haut zwischen Oberlippe und Nase. Bei Pferden befindet sich der LG 26 körpermittig am Übergang der weichen Haut der Oberlippe zur festeren Haut der beginnenden Nase, bei Hunden mittig unter der Nase oberhalb der Lippe. Abbildungen zur genauen Lage findet man im Internet. Der LG 26 würde bei Tieren und Menschen bei einem Kollaps, einem allergischen Schock, einem Hitzeschlag oder bei einem epileptischen Anfall mit einer Akupunktur oder mit einer festen, gleichmäßigen Fingerakupressur für ein bis vier Minuten, eventuell mit Wiederholungen, behandelt werden, bis sich der Körper wieder stabilisiert hat.

Weitere Notfallpunkte für jede Tierart, beispielsweise bei Kolik, Anfällen, Angstzuständen, Kreislaufkollaps oder zur Reanimation, findet man ebenfalls im Internet. Zum Beispiel bei www.ATM.de bei „Magazin" beim Artikel „Akupunktur Notfallpunkte für unterwegs" oder bei www.Natalie-Klug.com unter „Sechs Akupunkturpunkte, die du bei epileptischen Anfällen bei deinem Hund anwenden kannst".

Der Vorteil der gezielten Behandlung einzelner Akupunkturpunkte mit Reiki ist, dass man nicht wie bei der Akupunktur oder Akupressur ganz genau die exakte Lage eines Akupunkturpunktes treffen muss. Denn die aufgelegte breite Handfläche erfasst den kleine Akupunkturpunkt auf jeden Fall.

10. Gyoshi-Ho

Das Wort „Gyoshi" heißt im Japanischen „starren" und „Ho" „Methode".
Bei dieser Technik wird die Reikienergie über die Augen anstatt über die
Hände weitergegeben. Im Hikkei-Handbuch von Mikao Usui stehen in dem
Interview folgende Sätze von ihm: „Hauptsächlich strahlen Energie und
Licht von den Augen, dem Mund und den Händen des Behandelnden aus.
Wenn der Behandler seinen Blick auf eine betroffene Stelle richtet oder die-
se anbläst oder mit seinen Händen darüber streicht, werden diese einfach
abheilen. Chronische Erkrankungen bedürfen allerdings einiger Zeit." (187)
Auch der slowenische Heiler Braco verteilt die kosmische Energie über seine
Augen. Dafür steht er etwas erhöht vor den Menschen und lässt seinen Blick
langsam über die Menge von der ersten bis zur letzten Reihe schweifen. Bei
seinen kostenlosen Videos auf www.Braco-TV.me auf Deutsch kann man
einen ersten Eindruck bekommen, wie das geht, und einen Vorgeschmack
darauf bekommen, wie viel mit der Technik Gyoshi-Ho möglich ist.
Dass Energie über die Augen ausgestrahlt werden kann, ist bei einem intensiven Augenkontakt, bei vernichtenden oder verliebten Blicken zu bemerken
oder wenn wir in strahlende Augen sehen. Eine Energieübertragung über die
Augen kennen wir auch davon, wenn ein Kind vorn auf der Schulbühne steht
und zur Mutter im Publikum hinuntersieht und sie mit ihrem liebevollen
Blick zu ihm hin zurückschaut. Da spürt man förmlich, wie viel Energie dabei fließt. Das kann ein Kind ganz stark machen.

Bei Gyoshi-Ho sieht man das betreffende Körperteil der Person mit passiven, entspannten Augen an. Wenn die Person oder das Tier bedürftig ist,
wird es die Reikienergie genauso dankbar wie aus den Händen aufnehmen.
Man wird sich vor der Gyoshi-Ho vielleicht erst einmal bewusst in den Zustand bringen wollen, bei dem man in sich eine innere Bereitschaft für ein
Durchfließenlassen der Reikienergie verspürt.
Es ist ein absichtsloser Energiefluss. Denn auch bei der Gyoshitechnik sind
wir nur wie Kellnerinnen und Kellner zwischen der Universumsküche und
dem energiebedürftigen Gast. Nur dass die leckere Reikienergie diesmal
nicht über unsere zwei Hände wie auf einem Tablett zu ihm hin transpor-
tiert wird, sondern über unsere Augen, sozusagen wie mithilfe eines Ser-
vierwagens.

Wie macht man das, dass man bei Gyoshi nicht die persönliche, sondern die kosmische Energie fließen lässt? Das geht von ganz allein. Genauso wie das auch bei den Handflächen von allein geht. So, wie man seine Hände auflegt, legt man seinen Blick auf.

Der einzige Unterschied gegenüber den Händen ist, dass man mit den Augen noch zusätzlich anfangen kann zu gucken, anstatt ausschließlich weiterzugeben. Beim Gucken sind die Augen und das mit ihnen verknüpfte Gehirn in einem betriebsamen Zustand. Sie wollen dann etwas aktiv erkennen, zum Beispiel: „Wo ist der Schlüssel?", oder machen Beobachtungen wie „Ach guck mal, es regnet." Im entspannten Zustand fährt das Gehirn herunter und die Augen lassen sich nur noch passiv berieseln. So wie man das früh um zwei Uhr beim Fahren auf der Autobahn erlebt oder wie beim nichts mehr wirklich sehenden Blick in der Mittagspause, wenn man hungrig in sein Sandwich beißt und minutenlang nur noch auf das Abbeißen, Kauen und Herunterschlucken fokussiert ist.

Einige kennen dieses „nicht mehr aktiv gucken, sondern nur noch passiv zugucken" auch vom Schalstricken mit rechten Maschen. Da braucht man nicht mehr auf die Finger sehen, die machen das von allein. Aber wenn man doch die ganze Zeit auf das Stricken blickt, dann entspannen sich die Augen und auch das Gehirn, weil beide nichts mehr zu tun haben. Zum Üben der Gyoshi-Ho könnte man sich in den Entspannungsmodus hineinstricken und probeweise über die Augen Reiki auf die strickenden Finger fließen lassen. Man bleibt in diesem Zustand und lässt, während dabei unablässig Reiki fließt, die Augen von den Fingern hinübergleiten zu der Katze auf dem Sofa oder zum Kaninchen im Auslauf. Man bleibt weiterhin in dem passiven Augenzustand und lässt nun seinem Tier über die Augen Reiki zukommen. Für alle anderen: Zum Üben lässt man seine Augen auf einem Tier ruhen und entspannt werden. Ist das Tier bedürftig, dann wird es sich bei dem Augen-Reikiangebot bedienen wie bei den Händen. Man kann sich dabei auch vorstellen, dass aus den Augen heraus kosmische Liebe zu dem Tier fließt. So geht Gyoshi meist einfacher. Die Augen sind dabei wie zwei Duschköpfe, aus denen heraus kosmische Energie auf das Tier perlt.

Zwei Beispiele für Gyoshi-Ho:
~ Ich hatte eine Patenschaft für ein gerettetes Kälbchen übernommen und besuchte es zum ersten Mal auf dem Gnadenhof am Tag der Offenen Tür.

Ihm schien es in der kleinen Kuhherde im Offenstall mit der Wiese sehr gut zu gehen. Ob noch energetisch etwas von seiner Vergangenheit übriggeblieben war? Ich stellte mich an den Weidezaun und machte, während andere hinter mir vorbeischlenderten, unauffällig Gyoshi-Ho. Das Kälbchen zog kaum Reiki. Der Reikifluss fühlte sich so wie beim Feierabend-Sofa-Wellnessreiki für meine Hündin an. Zu wissen, dass es ihm nicht nur äußerlich, sondern auch energetisch gut ging, fand ich erleichternd.

~ Bei einem Seminar übten drei Teilnehmerinnen mit einer Pflanze, die ich in einem Baumarkt gekauft hatte. Sie war gegossen, aber einige Blätter hingen trotzdem schwächelnd herab. Die drei ließen zehn Minuten per Gyoshi-Ho Reiki fließen. Danach gingen wir in die Mittagspause. Als wir zurückkamen, waren alle Blätter voller Kraft!

Am Anfang ist es normal, dass man zwischendurch immer wieder mal aus dem absichtslosen Zustand des „Starrens", was „Gyoshi" ja übersetzt bedeutet, kurz herauskommt. Nach vielen Anwendungen wird das Hineinkommen in diesen durchgebenden Zustand und das Drinbleiben in diesem Zustand eines Tages ganz von selbst gehen. Das ist wie mit Allem. Macht man etwas Dutzende oder Hunderte Male, dann geht das in Fleisch und Blut über, und eines Tages muss man darüber nicht mehr nachdenken, sondern man macht es automatisch.

Mit Gyoshi-Ho kann man auch eine Brücke zu Wildtieren schlagen.

~ Eine Frau, die niemanden kannte, an denen sie Reiki üben konnte, fing mit Gyoshi-Ho zuerst für ihre Zimmerblumen an und bot das dann auch den Vögeln an, denen sie im Stadtpark begegnete.

~ Bei einem Seminar im Sommer machten wir Gyoshi-Ho für Schnecken, die vor meiner Praxis im über und über mit Blumen bewachsenen Vorgarten lebten. Sie zogen stoisch ihres Weges, aber nach einer Weile, während wir ein Reikiangebot für sie in unseren Augen hatten, verlangsamten sie ihr Tempo, drehten ihre Augenfühler wie suchend überallhin, hielten dann endgültig an und sackten nach einer Weile leicht in sich zusammen. Wenn sich Schnecken entspannen, sieht man das an ihren Fühlern, dem absinkenden Kopf und am verringerten Muskeltonus. Der Muskeltonus ist die natürliche Muskelspannung im Leib. Der Körper ist dann nicht mehr so gestrafft wie beim Fortbewegen, sondern etwas weicher. Eine Schnecke wird dann ein wenig flacher. Sie sahen sehr schön aus, wie sie so entspannt dalagen.

11. Seiheki Chiryo, die Emotional-Mental-Behandlung

Das Wort „Seiheki" heißt „Gewohnheit" und „Chiryo" „Behandlung".
Mikao Usui sagte in dem Interview im „Hikkei", dem Manual für alle Teilnehmerinnen und Teilnehmer seiner Seminare: „Der Okuden besteht aus mehreren Techniken: Hatsureiho, Klopfen, Streicheln, Druck mit den Händen, die Fernheilung und das Heilen von schlechten Gewohnheiten und so weiter." (188) Mithilfe der Technik können destruktive Gewohnheiten, Gedankenmuster sowie Verhaltensweisen heilen, weil die universelle Reikienergie nicht nur körperliche, sondern auch mentale und emotionale Disharmonien harmonisiert. Die Seiheki-Technik wird hierzulande „Emotional-Mental-Harmonisierung" oder „Mentalbehandlung" genannt.
Sie ist bei sich selbst und bei anderen anwendbar.
Als Erstes wird eine relativ kurze Affirmation formuliert, die den neuen Zustand, den man haben möchte, positiv und in der Gegenwartsform benennt. Nach Gassho werden die beiden Zeichen „CHKR" und „SHK" direkt über den Kopf gezeichnet und eine Hand auf die Stirn und die andere auf den Hinterkopf gelegt. Dann wird die Affirmation still oder laut von der behandelnden oder der behandelten Person gesagt. Es fließt Reiki. Nach der vorher verabredeten Zeit oder wenn man das Gefühl hat, es ist alles gut, wird die Behandlung durch das Zeichnen von „CHKR" beendet.

Eine Teilnehmerin des Aufbauseminars „Tiere mit Reiki behandeln" machte für eine ältere, verkuschelte Hundedame eine dreiviertelstündige Mental-Emotional-Behandlung. Deren ehemalige Halterin musste in ein Pflegeheim und die Hündin wurde von einem herzensguten Ehepaar im Rentenalter aufgenommen. Sie bellte immer verzweifelt, sobald die beiden das Haus mal verließen und sie allein zurückblieb. Die Halterin schrieb zwei Tage später als Feedback: „Anders als in den Wochen davor blieb sie gestern, als ich für meinen Mann das Garagentor auf- und zumachte, währenddessen zum ersten Mal ruhig im Haus!"

Die Emotional-Mental-Behandlung bewirkte schon Wunder bei verhaltensauffälligen und traumatisierten Tieren. Denn Stress hervorrufende mentale Gewohnheiten und belastende Gefühle durch frühere Erlebnisse haben natürlich auch Tiere.

Mit einer „mentalen Gewohnheit" ist gemeint, wie jemand die Welt sieht. Ist etwas Neues interessant oder gefährlich? Sind andere Kater potenzielle Spielkumpels oder Feinde? Denkt ein Hund hinter seinem Zaun: „Menschen sind bedrohlich! Sie sollen weggehen!" oder denkt ein anderer Hund über die gleichen, an seinem Zaun vorbeigehenden Menschen: „Menschen kraulen so schön! Sie sollen zu mir herkommen!"

Bei einer inneren Abwehrhaltung ist ein Tier gestresst, bei einer zugewandten Haltung ist es entspannt und in Harmonie. Reikigaben entstressen.

Mithilfe dieser Technik können emotionale Wunden und Traumata heilen und langjährige Muster und Verhaltensbesonderheiten sich in Luft auflösen. *Eine Frau wandte sie bei ihrer Hündin an, weil diese im Kopf „eine Platte mit Sprung hat", was Kinder betraf. „Ich habe die beiden Zeichen in die Luft über ihrem Kopf gemalt und dazu den neuen Satz ‚Ich bleibe gaaanz entspannt, wenn ich Kinder sehe oder sie um mich herum sind' gesagt und meine Hände über ihren Kopf gehalten. Das war's schon. An diesem und einem weiteren Tag habe ich es für je zehn Minuten gemacht. Am Tag darauf begegneten uns kleinere Kinder beim Spaziergang. Retzi hat diese völlig ignoriert! Wir konnten es nicht glauben. Wenn wir Kinder sahen, sind wir deshalb gezielt in deren Richtung gelaufen und sie war jedes Mal entspannt. Heute haben wir dann den Härtetest gemacht. Beim Geburtstag war unsere sechsjährige Enkelin da. Retzina ist ihr zwar leicht aus dem Weg gegangen, aber die Kleine hat sie sogar gestreichelt und Retzina hat es sich gefallen lassen! Früher hätte sie gebellt und hätte mit eingezogenem Schwanz beim Anblick der Kleinen das Weite gesucht. Alle in der Familie waren sehr erstaunt, denn sie haben es bisher ganz anders erlebt bei Retzi."*

Bei einer Emotional-Mental-Behandlung harmonisiert die Reikienergie eine Disharmonie und den damit einhergehenden Stress, die eine emotionale Wunde oder ein Trauma oder eine mentale Sichtweise hervorruft. Wenn sich eine Disharmonie auflöst, dann löst sich auch automatisch das dadurch hervorgerufene Verhalten auf. Denn eine Verhaltensauffälligkeit ist nur die sichtbare Spitze über dem Wasser von dem darunterliegenden, unbewussten, emotionalen Eisberg.

Vor einem unangenehmen Ereignis sind die Emotionen wie fließendes Wasser, es ist alles gesund, alles fließt. Durch das Erlebnis kommt es in dem angegriffenen Bereich zu einer Störung und das dort vorher fließende Wasser wird zu Eis. Es bildet sich eine emotional-mentale Verhärtung.

Als Folge solcher Störung entstehen Stress, Angst, Panik und daraus Gefühls- und Verhaltensauffälligkeiten. Die sind die sichtbaren Symptome für die ursächliche Störung, Blockierung oder das Trauma. Durch die harmonisierende Reikienergie schmilzt der Eisberg wie Eis in der Sonne und wird wieder zum fließenden Wasser. Das auffällige Verhalten und der Stress als ehemalige Spitze des Eisbergs sind damit ebenfalls weg. Die ursprüngliche, natürliche Harmonie kommt wieder zum Vorschein.

Das ist bei den Tieren und Menschen, die mit Seiheki ihre Päckelchen loswurden, sehr gut zu sehen. Nach einer Behandlung sind sie immer entspannter, ihr Blick ist klarer, ihre Körperhaltung freier, sie sind wieder mehr sie selbst, zufriedener und lebensfroher.

Nach einer Emotional-Mental-Anwendung für ihren Hund durch einen Seminarteilnehmer schrieb die Halterin Isabel einen Tag später in einer SMS: „Ich bin begeistert, wie es gestern und heute lief bei der Gassirunde." Zwei Wochen später kam ein weiteres Feedback: „Lemmy bellt nicht mehr gleich los, wenn Menschen oder Rüden in der Nähe sind. Ich bin happy. Lemmy fühlt sich so wohl und ist gechillt."

Die Seiheki-Technik, die „Mental-Behandlung", sowie Enkaku Chiryo, die „Fernbehandlung", wird im westlichen Kulturraum innerhalb der Ausbildung in den üblichen 2. Reikigrad unterrichtet. Dabei erlernt man, genau wie bei Mikao Usui, die drei Zeichen „CHKR", „SHK" und „HSSN" und wie man bei Seiheki die neue Affirmation formuliert sowie die Abläufe der Seiheki- und der Fernreikibehandlung.

Verschiedene moderne Varianten dieser beiden Techniken stelle ich in dem 3. Teil dieser Buchreihe „Reiki-Techniken für Tiere", in dem Buch „Die Emotional-Mental-Behandlung und die Fernbehandlung bei Tieren", vor. Das Buch enthält auch praktische Tipps zu: „Wie findet man stimmige Formulierungen bei der Emotionalbehandlung?", „Für welche Anliegen ist Fernreiki geeignet?", „Wie zeichnet man die drei Reikisymbole richtig?", „Die Fernreiki-Box zur gleichzeitigen Behandlung von mehreren Tieren und Menschen", „Die Reiki-Dusche", „Das Reiki-Depot", „Fernreiki bei Sedierungen und Operationen?", „Wie Tieren in Tierheimen mit Reiki helfen?", „Wie baut man ein ehrenamtliches Fernreiki-Tierprojekt auf?" und anderes.

12. Enkaku Chiryo, die Fernbehandlung

Das Wort „Enkaku" heißt „entlegen" und „Chiryo" „Behandlung".
Bei Mikao Usui wurde ein Foto oder eine Visualisierung verwendet, heutzutage auch mal ein Zettel mit dem aufgeschriebenen Namen der zu behandelnden Person oder des zu behandelnden Tieres. Mikao Usui lehrte, als Beginn die beiden Zeichen „CHKR" und „HSSN" über der Visualisierung oder dem Foto in die Luft zu zeichnen. Dann hält man seine Hände darüber. Wenn Bedarf ist, wird die Reikienergie nun von selbst zu der Person oder zu dem Tier hinfließen. Die Dauer ist je nach Problem individuell. Nach der vorher verabredeten Zeit oder wenn man das Gefühl hat, es ist alles gut, wird die Behandlung durch das Zeichnen von „CHKR" beendet.

Bei der Arbeit mit Tieren ist die Fernbehandlungs-Technik des 2. Grades, auch „Fernreiki" oder „Distanzreiki" genannt, Gold wert.
Sie ist geeignet für:
1. mehrere Tiere oder eine Herde, die gleichzeitig mit Reiki versorgt werden können. Das spart enorm viel Zeit.
2. Tiere, die sich an einem Ort aufhalten, an den man für eine Direktbehandlung nicht hinkommt, wie beispielsweise der Aufwachraum der Tierklinik
3. Tiere, die verlaust und verfloht sind
4. schwimmende Tiere wie die Delphine, fliegende Tiere wie die Amsel, versteckt lebende Tiere wie der Gartenigel und herumziehende Tiere wie ein Freigängerkater
5. Tiere, die draußen leben. Mit Fernreiki braucht man, anders als noch mit dem 1. Grad, für eine Direktbehandlung nicht mehr bei Regen, eiskaltem Wind, Dunkelheit, Schnee und Minusgraden zum Schaf, Esel oder Pferd hinaus, sondern kann mit einer Fernreikibehandlung vom warmen Zimmer aus ebenso gut helfen.
6. die Verbesserung von Vermittlungschancen von Tieren in Tierheimen und auf Pflegestellen
Silvia hat im Tierheim immer ein Patentier, für das sie jeden Monat die Kosten für Essen und Unterbringung zahlt. Sie lässt täglich rund zwanzig Minuten Fernreiki auf ihr Patentier und auf den Wunsch für dessen ideale Vermittlung fließen. Ihre Patentiere werden ungewöhnlich schnell in gute Hände vermittelt, was die Pflegerinnen sehr freut. Wenn ihr bisheriges

Patentier vermittelt ist, übernimmt sie wieder eine neue Patenschaft für ein nächstes, schon lange im Tierheim wohnendes, schwer vermittelbares Tier. So konnte sie bequem von zuhause aus schon mehreren Tieren helfen.

Fernreiki kann schon ab einem halben Meter Abstand angewandt werden:

7. für lebhafte Tiere wie bei einer flinken Maus im Käfig mit Höhlen, die nach Mäuseart umherflitzt und immer wieder in den Höhlen verschwindet

8. für eine ängstliche Katze, die sich beim Termin unterm Bett verkriecht

9. für aggressive, ängstliche, auskeilende, gefährliche oder auch für sehr große Haus- und Hoftiere, für Tierheim-, Zirkus-, Zoo- und Wildtiere, die alle mit Fernreiki ohne Probleme behandelt werden können

„Mein Kater ist eigentlich wild, er ist nur draußen und kommt nur herein, wenn er Hunger hat, es ihm zu nass ist oder er kränkelt. Anfassen lässt er sich gar nicht und er hält sich auch nie in meiner Nähe auf. Vor einem Monat hatte er, meiner Ansicht nach, etwas entweder in der linken Hüfte oder an einem Wirbel. Seine linke Hinterpfote kippte immer weg und seine Wirbelsäule war nach oben gekrümmt und total steif. Der Versuch, ihn zum Tierarzt zu bringen, misslang, der Kater war weg. Ich machte die erste Nacht und den nächsten ganzen Tag lang immer wieder Fernreiki. Am zweiten Tag abends saß ich im Wohnzimmer auf dem Teppich, da kam er hereingekrochen, legte sich mit dem Hinterteil zu mir einen halben Meter vor mich hin und ich durfte Reiki machen auf Distanz von rund zwanzig Zentimetern. Nach einer knappen halben Stunde ging er wieder. Dies wiederholte sich an drei weiteren Tagen. Er kam, holte sich sein Reiki ab und war weg. Mit Traumeel gegen Schmerzen und Schüsslersalzen habe ich ihn per Futter unterstützt. Am vierten Tag ging er wieder fast normal und ab da kam er auch nicht mehr zur Behandlung. Ich kann Dir gar nicht sagen, wie froh ich um Reiki bin!"

10. Mit dem Distanzreiki können auch einige Meter überbrückt werden wie bei einem aggressiven Hund im Zwinger bei der ehrenamtlichen Arbeit im Tierheim. Aber auch einige hundert Meter, etwa bei einer hinkenden Kuh, die sich in der Mitte einer abgezäunten Weidekoppel befindet.

Es geht mit jedem Foto, egal, ob es schon Jahre alt ist oder ob das Tier nur teilweise darauf ist oder mehr Hinterteil als Kopf zu sehen ist.

Hat man kein Foto, kann man das Tier visualisieren oder auf einen Zettel seinen Namen schreiben. Kennt man den Namen nicht, beschreibt man es auf dem Zettel. Zum Beispiel: „Die Amsel, die hier gerade an die Fensterscheibe rumste und taumelnd weiterflog". Man lässt so lange auf das Foto, den Zettel oder die Visualisierung Reiki fließen, wie es entweder ausgemacht wurde, wie es vom Energiefluss her stimmig erscheint oder wie man gerade Zeit hat. Also alles zwischen fünf Minuten und zwei Stunden.

Kirsten berichtete, dass sie Paco, dem Hund ihrer Bekannten, vor dem Beginn einer viertägigen Behandlungsserie fünf Minuten Fernreiki gesandt hatte. Die Wirkung dieser paar Minuten hielt zwei Tage lang an.

Ehe eine Verbesserung oder eine Heilung eintritt, kann das je nach Problem Minuten oder Stunden dauern, bei schwerwiegenden, chronischen oder komplexen Problemen kann es auch Wochen oder Monate brauchen.

Ein Tipp, damit man auch eine längere Fernreikisession durchhält:
Für eine angenehme Haltung legt man sich am besten ein dickes Kopfkissen auf die Oberschenkel, darauf das Foto und die Handkanten. Denn eine halbe bis ganze Stunde seine Hände neben oder über ein Foto zu halten, kann für die eigene Arm- und Nackenmuskulatur ganz schön lang werden.

Die „Reikibox"

Eine moderne Weiterentwicklung von Enkaku Chiryo ist die „Reikibox".
Der Ablauf ist der gleiche, mit der Reikibox werden nur mehrere gleichzeitig behandelt. Dabei fließt die Reikienergie zu allen gleichzeitig hin. Das kann man sich so vorstellen, als würde bei Enkaku Chiryo aus einer Gießkanne der herausfließende Strahl einen einzelnen Organismus begießen. Bei der Reikibox ist es so, als hätte die Gießkanne eine Brausetülle und deshalb könnten breitflächig mehrere Organismen gleichzeitig begossen werden.
Bei der Reikibox legt man die Fotos oder Zettel in eine Pappschachtel, in eine Dose, einen Briefumschlag oder in anderes hinein oder aber auch ohne ein Gefäß offen auf einen Tisch oder auf das Kissen auf dem Schoß.
Bei Tieren können, genauso wie bei Menschen, auch Wünsche oder Situationen mithilfe der Reikibox mit der stärkenden und harmonisierenden universellen Energie bedacht werden. Dafür schreibt man den Wunsch, wie „Die schnelle Vermittlung von Katze Paula in ein ideales Zuhause, wo sie ganz glücklich ist", oder die Situation, wie „Die Termine beim Hufschmied von Pony Paul", auf einen Zettel.

Ich kenne auch Reikipraktizierende, die einen Grundriss aufzeichnen und darauf regelmäßig Reiki zur Belebung des Ortes fließen lassen.

Bei der Reikibox können die Zettel, Grundrisse oder Fotos getrennt nebeneinander auf dem Tisch liegen oder übereinander als Stapel geschoben sein, in einer Schachtel, gefaltet, gerollt, mit dem Bild oder dem Geschriebenen nach oben oder unten liegen. Der einzige Unterschied von übereinander gelegten gegenüber nebeneinander gelegten Fotos oder Zetteln ist, dass man beim Gestapelten nicht so genau mitbekommt, wer wie viel Reikienergie zieht. Das zu wissen wäre aber nur dafür da, um eventuelle Hinweise über die Schwere des Problems zu bekommen oder um zu wissen, wann wieder alles in Ordnung ist und man das Foto oder den Zettel aus der Reikibox herausnehmen kann. Aber Letzteres bekommt man auch durch das Feedback der Halterinnen und Halter und der Tierheimangestellten mitgeteilt.

Meine Bekannte Anke arbeitet seit Jahren erfolgreich mit der Reikibox. Dafür nimmt sie sich die Box fast jeden Abend für 15 bis 30 Minuten vor. Hier sind drei von vielen anderen Berichten von ihr:

~ *Eine Hündin hatte eine Operation am Bauch. Nach der OP bekam sie zweimal Fernreiki. Ein paar Wochen später schrieb die Halterin an Anke: „Die Wunde von der Tumorentfernung war sooo gut geheilt, dass die Ärztin gestern bei einem erneuten Besuch sagte: ‚Ach, das ist ja der Hund mit der besonderen Wundheilung!'"*

~ *Ein Pferd wurde Sonntagnacht zu Montag wegen Darmverschluss operiert. Der Halterin wurde gesagt, es wird danach sieben bis zehn Tage in der Klinik bleiben müssen. Eher zehn Tage, weil es eine so große OP war. Es bekam jeden Abend fünfzehn Minuten Fernreiki. Es war nur fünf ganze Tage dort, am Samstagfrüh konnte es bereits entlassen werden.*

~ *Nach einer Woche Reikibox für ein Pferd: „Hallo Anke, das mit der Blase ist weg. Nach vier Tagen Reikibox war die Tierheilpraktikerin da und meinte, so entspannt und zugewandt hätte sie Rebell noch nie erlebt, sonst hätte sie immer ein bisschen Angst vor ihm gehabt. Am Wochenende ist mir auch aufgefallen, dass er so freundlich ist!" Nach zwei Wochen mit weiterem täglichen Fernreiki: „Rebell macht einen richtig ausgeglichenen und geradezu gutmütigen Eindruck. Er ist kaum wiederzuerkennen. Wie geht das nur? Ob das wohl anhält?" Das war vor anderthalb Jahren und er ist immer noch so freundlich und ausgeglichen.*

III. Zur Reikimethode

Die Verbreitung der Reikimethode in Japan und in der Welt und weshalb sich die Reikitechniken auf den Weg von Japan bis in den Westen veränderten

Die drei Gründe, weshalb die meisten Techniken von Mikao Usui im westlichen Kulturraum nicht bekannt sind, sind folgende:

1. Chujiro Hayashi veränderte etwas an den Reikitechniken, die er von Mikao Usui gelernt hatte.
2. Der Pazifikkrieg zwischen Japan und den USA ab 1941.
3. Die unterschiedlichen kulturellen Grundlagen in Ost und West. Beispielsweise das im Westen fehlende Wissen um das Meridiansystem und das Tanden, die Verehrung des Meiji-Kaisers und anderes mehr, so dass Hawayo Takata einschätzte, dass die japanischen Reikitechniken, wie sie sagte, „für Nichtjapaner nicht geeignet" seien. (189)

Zu 1.: Chujiro Hayashi nahm erste Veränderungen an den Reikitechniken, die er von Mikao Usui gelernt hatte, vor. (190) Deshalb gab er in der Ausbildung schon nicht mehr alle Techniken von Mikao Usui original an seine Schüler und Schülerinnen, und somit auch an Hawayo Takata, weiter. (191)

Zu 2.: Hawayo Takata, die die Reikimethode von Japan über Hawaii nach Amerika brachte, kam aufgrund einer Empfehlung in die Praxis der Hayashis in Tokio und wurde dort behandelt. 1935 ließ sie sich von Chujiro Hayashi in den Shoden und Okuden ausbilden. (192) Dabei erlernte sie von ihm einerseits seine abgewandelten Techniken und andererseits die anderen, unverändert gebliebenen Techniken von Mikao Usui. (193) So schrieb sie in ihren Aufzeichnungen vom Mai 1936, dass sie von Chujiro Hayashi unter anderem nun Kokiyu-Ho und Reiji-Ho erlernen würde. (194) Bei ihrer Ausbildung in den Shoden bekam sie, wie alle anderen auch, von Chujiro Hayashi dessen Behandlungsleitfaden „Ryoho Shishin". (195)

In dem standen, genau wie im Hikkei von Mikao Usui, konkrete Behandlungspositionen für verschiedene Krankheiten. Bei www.ReikiGreyBook.com stehen Auszüge aus dem Behandlungsleitfaden von Chujiro Hayashi und Auszüge aus ihren Aufzeichnungen während ihrer Reikiausbildung.

Hawayo Takata eröffnete 1937 ihre Behandlungspraxis auf Hawaii und gab ab 1938 als Reikilehrerin in ihren Reikiausbildungen die gelernten Techniken des Shoden und des Okuden an ihre Schülerinnen und Schüler weiter. Das berichteten einige ehemalige, noch lebende Schülerinnen von ihr, die der Reikiforscher Dr. phil. Justin Stein Anfang der 2010er auf Hawaii befragte. (196) So wurde Ruth Fujimoto (1918–2012) als 21-Jährige von Hawayo Takata 1939 in Reiki ausgebildet, Yoshie Kimura (1920–2015) erlernte als 20-Jährige um 1940 von Hawayo Takata Reiki. Beide praktizierten über siebzig Jahre lang fast täglich Reiki! (197)

Ab Dezember 1941 galt nach dem japanischen Angriff auf den US-amerikanischen Marinestützpunkt Pearl Harbor auf den annektierten hawaiianischen Inseln bis zum Ende des Pazifikkrieges im September 1945 das Kriegsrecht in den USA und auf Hawaii. (198) Ab Ende 1941 wurden alle japanischstämmigen amerikanischen Staatsbürgerinnen und Staatsbürger, vom Baby bis zum Greis, die in den am Pazifik angrenzenden US-Bundesstaaten lebten, in Concentration Camps, in Konzentrationslagern, zwangsinterniert. (199) In diesen abgeschotteten Barackenlagern starben bis zu deren Schließungen ab Oktober 1945 viele an Hunger und Krankheiten. (200) Die rund 160.000 auf Hawaii lebenden Menschen mit japanischer Abstammung, das waren rund 33 bis 40 % der dortigen Gesamtbevölkerung, sollten ebenfalls zwangsinterniert werden. (201) Dazu hätten Hawayo Takata und ihre beiden Töchter gehört. Dass das nicht passierte, war nur dem Umstand zu verdanken, dass die wohlhabenden weißen Großplantagenbesitzer auf Hawaii fast komplett auf die japanischstämmigen Arbeiterinnen und Arbeiter angewiesen waren und eine Ausnahme für Hawaii erwirkten. (202) Man konnte damals aber trotzdem auf Hawaii bei einem Verdacht auf Spionage oder Feindestreue, wozu beispielsweise schon die Verehrung des japanischen Kaisers durch das Vorlesen seiner Gedichte zählte, sofort inhaftiert werden. (203)

Unter diesem großen Druck entjapanisierte Hawayo Takata die Reikimethode. Im 1. Grad unterrichtete sie ab 1942 sehr wahrscheinlich keine der bei Chujiro Hayashi gelernten Techniken mehr, sondern vermittelte anstelle dessen die von ihr neu entwickelte und sehr effektive Technik der standardisierten Grundbehandlung mit zwölf festen Handpositionen. (204) Im 2. Grad gab sie nur noch die zwei Techniken der Fernbehandlung und der Emotional-Mental-Behandlung weiter. Das behielt sie so auch nach dem Ende des Pazifikkrieges im September 1945 bei. (205)

Außerdem christianisierte sie wohl sicherheitshalber den Buddhisten Mikao Usui zu einem christlichen Priester beziehungsweise Dozenten an einer christlichen Universität um. (206) Mikao Usui war nie ein Christ und hatte auch an keiner Uni, weder in Japan noch in den USA, unterrichtet. (207)

Er und Chujiro Hayashi haben, entgegen dem, was im westlichen Kulturraum erzählt wird, nachweislich keine Doktortitel und waren auch keine Ärzte. (208) Der Titel „Dr." für beide ist wohl ein Interpretationsfehler des japanischen Wortes „Sensei". Diese Höflichkeitsbezeichnung wurde und wird in Japan immer zusammen mit dem Nachnamen verwendet, wenn man von seinem oder von einem Lehrer, Arzt oder Rechtsanwalt spricht. (209)

Zu 3., den unterschiedlichen kulturellen Grundlagen in Ost und West:

Ab 1948 begann Hawayo Takata aufgrund von Einladungen Seminare in den USA zu geben und verbreitete so die Reikimethode. (210) Sie reiste in den 32 Jahren bis zu ihrem Tod im Jahr 1980 sehr oft in die USA und nach Kanada und gab dort unzählige Ausbildungsseminare. (211) Von den Techniken des Shoden gab sie dort beim 1. Grad keine weiter, sondern lehrte ihre neu entwickelte „Foundation Treatment", die „Grundbehandlung", mit den zwölf Handpositionen. Die wurde bei allen Anliegen angewandt. (212) Sie meinte später als Begründung für ihr Nichtweitergeben der bei Chujiro Hayashi gelernten Techniken: Das japanische Reikisystem wäre „höchst komplex, erfordere langes Training und wäre eng mit Religiösem verwoben", so dass ihr „dieser Ansatz für Nichtjapaner nicht geeignet" erschien. (213) Ihre Erklärung ist gut nachvollziehbar, denn man konnte beim Unterrichten in Japan oder unter Japanischstämmigen auf Hawaii auf ein allgemeines Grundverständnis über das Energiesystem mit den Meridianen nach der jahrtausendealten traditionellen chinesisch-japanischen Medizin bauen. Im westlichen Kulturraum war das Meridiansystem mit dem Tanden dagegen fast unbekannt. Es stimmt auch, dass manche Techniken ein längeres Training erfordern würden. Zum Beispiel braucht es bei der Byosen-Technik einige Zeit, ehe man den Byosen richtig wahrnehmen und einordnen kann.

Der Shihan-Kaku und der Shihan-Grad, der 3. und der 4. Grad, beinhalteten bei Mikao Usui keine Behandlungstechniken, denn es ging bei diesen zwei Graden nicht um Behandlungen, sondern um die Begleitung und Ausbildung von anderen. Da Hawayo Takata sie deshalb nicht anpassen musste, gab sie diese zwei Grade inhaltlich unverändert weiter.

Die Ausbildung in diese zwei Grade erfolgt bei Mikao Usui, Chujiro Hayashi und Hawayo Takata nur zusammen. Im westlichen Raum begann man sie ab den 1990ern aufgrund von Nachfragen auch unabhängig voneinander zu unterrichten. Denn da sich durch die Einstimmung in den 3. Grad die persönliche und spirituelle Entwicklung intensiviert, wollten immer mehr den 3. Grad, ohne deshalb auch gleich den 4. Grad machen zu müssen. Durch die Trennung des 3. vom 4. Grad wurde das möglich.

Hawayo Takata bildete in den 4. Lehrgrad neben ihrer Schwester Imako und ihrer Enkelin Phyllis Lei Furumoto fünfzehn weitere Frauen und fünf Männer aus. Diese lebten alle in den USA und in Kanada, bis auf ihre Schwester, die wie sie auf Hawaii wohnte. (214) Diese 22 gaben die Reikitechniken und die Informationen zu Mikao Usui, so wie sie sie von Hawayo Takata gelernt hatten, an ihre Reikischülerinnen und -schüler und in Büchern weiter. Übrigens gab die ersten Reikiseminare in Europa die Amerikanerin Mary McFadyen, die eine der von Hawayo Takata ausgebildeten Lehrerinnen war, im Sommer 1981 in Hamburg und in Frankfurt am Main. (215)

Die Verbreitung der Reikimethode in den USA, Kanada, Australien und Europa geschah von 1948 bis in die 2000er nur durch Hawayo Takata und die 22 von ihr ausgebildeten Lehrerinnen und Lehrer und deren Schülerinnen und Schüler sowie deren nachfolgenden Schülerinnen und Schüler. Aus diesem Grund wird diese Form auch als „westliches Reiki", „westliche Reikilinie" oder „westliche Reikitradition" bezeichnet. Die neuen Techniken wie die Grundbehandlung mit den zwölf Handpositionen von Hawayo Takata oder der von Arthur Robertson in den 1990er entwickelte Chakrenausgleich (216) werden „westliche Reikitechniken" genannt.

In Europa, Kanada, den USA und Australien wird bis heute die Ganzkörperbehandlungstechnik von Hawayo Takata im 1. Grad und die zwei Techniken „Fernbehandlung" und „Emotional-Mental-Behandlung" im 2. Grad als die übliche Form in fast allen Reikiausbildungen gelehrt.

Erst Ende der 1990er entstanden durch einige amerikanische und europäische Reikilehrende die ersten Kontakte zu Reikilehrerinnen und Reikilehrern in Japan, wie zu der Gakkaipräsidentin Kimiko Koyama, mit der sich Phyllis Lei Furumoto traf. (217) Sie entdeckten dadurch die von Mikao Usui gelehrten und im Westen bis dahin unbekannten Reikitechniken sowie eine Fülle an schriftlichem Material von beziehungsweise zu Mikao Usui und Chujiro Hayashi und der Reikimethode. Dazu gehören beispielsweise das Handbuch „Hikkei" von Mikao Usui und der Behandlungsleitfaden „Shinshin Ryoko" von Chujiro Hayashi, die Aufzeichnungen von Hawayo Takata aus ihrer Zeit der Reikiausbildung sowie alte japanische Bücher und Zeitungsberichte über die Reikimethode, über Mikao Usui und über seine Schüler und Schülerinnen. (218)

Die amerikanische Reikilehrerin Mieko Mitsui fand, als sie in der Mitte der 1980er in Japan war, in Tokio das Familiengrab der Usuis mit dem damals rund 60 Jahre alten Gedenkstein. (219) Der Stein hat eine umfangreiche Inschrift zu dem Leben und Wirken von Mikao Usui und zur Entwicklung der Reikimethode. Auch die „Gokai", „Die fünf Grundsätze", im Deutschen werden sie „Die Lebensregeln" genannt, stehen auf diesem Gedenkstein. Hawayo Takata hatte in ihren Seminaren manchmal von dem Gedenkstein erzählt, es gibt ein Foto von ihr an dem Stein von Anfang der 1950er. (220) Fran Brown schrieb in ihrem Buch „Living Reiki" von 1992 auch von dem Gedenkstein. (221) Arjava Petter hörte 1994 von dem Gedenkstein. (222)

In Amerika und Europa wird, wenn von Mikao Usui und seinen zwanzig von ihm ausgebildeten Lehrern die Rede ist, das in der Regel als „die japanische Reikitradition" bezeichnet oder vom „japanischen Reiki" oder „der japanischen Reikilinie" gesprochen. Werden in Europa in Seminaren die Techniken von Mikao Usui oder die von Chujiro Hayashi weitergegeben, werden sie meist „die japanischen Reikitechniken" genannt.

Zunehmend wird von einigen europäischen Reikilehrenden auch die eine oder andere Technik von Mikao Usui in Seminaren vorgestellt, beispielsweise Gassho oder die Byosen-Technik, oder die fünf Lebensregeln werden außer auf Deutsch auch auf Japanisch vermittelt.

Die Unterschiede zwischen der japanischen und der westlichen Linie liegen in den Variationen der Techniken und den Hintergrundinformationen. **Die Hauptsache, die Weitergabe der universellen, heilsamen Reikienergie, ist in den beiden Linien vollkommen gleich geblieben.**

„Den Tieren wird die Historie egal sein,
aber nicht, ob man sie behandelt.

Also lasst uns das nutzen, was wir gelernt haben,
und tun wir das, was uns möglich ist.

Reiki ist ganz einfach.
Man braucht nur die Hände aufzulegen."

Iljana

Bücher und Links für weitergehende Informationen

Der gesamte Text des Gedenksteins von 1927 zu Ehren Mikao Usui:
~ im Buch „Die Wurzeln des Reiki" von Stiene S. 401–404
~ im Buch „Das ist Reiki" von Frank A. Petter S. 57–60
~ www.Reiki-Magazin.de bei „Alle Ausgaben" bei „2/2003" S. 38–42
~ www.Reiki-fuer-Tiere-Seminare.de im Blog bei „Gedenkstein" mit Fotos
Da viele Schriftzeichen im Japanischen verschiedene Bedeutungen haben, weichen alle Übersetzungen leicht voneinander ab.

Alle 28 Techniken von Mikao Usui des Shoden und Okuden:
~ im Buch „Die Reiki-Techniken von Mikao Usui" von I. Planke
~ 25 Techniken beschrieben und mit Abbildungen im Buch „Die Wurzeln des Reiki" des Ehepaares Bronwen und Frans Stine von 2006, mit sehr vielen historischen Informationen rund um die Reikimethode

20 Techniken von Mikao Usui:
~ ohne Fotos beschrieben im Buch „Das ist Reiki" von Frank Arjava Petter von 2009. Das Buch enthält viele geschichtliche Infos und alte Fotos
~ mit Fotos beschrieben im Buch „Reiki-Kompendium" von Petter/Lübeck/Rand aus dem Jahr 2000 mit vielen Details über die teilweise unterschiedliche Entwicklung der Reikimethode in Japan und im Westen

Das Interview mit Mikao Usui aus seinem Handbuch „Hikkei":
~ vollständig bei www.Reiki.AxelEbert.de unter „Reiki-Handbuch"
~ vollständig im Buch „Das ist Reiki" von F. A. Petter von 2009 S. 64–69
~ komprimiert im Buch „Die Wurzeln des Reiki" vom Ehepaar Stiene im Kapitel „Handbücher"
~ zusammengefasst bei Hiroshi Doi im Buch „Gendai Reiki Ho" von 2015 auf Deutsch mit sehr vielen historischen Zusammenhängen. Hiroshi Doi ist seit 1983 Mitglied der von Mikao Usui gegründeten Usui-Reiki-Gakkai.
~ vollständig und mit weiteren Infos sowie Fotos zum Hikkei und dessen Neuauflage von 1974 durch die Usui-Reiki-Gakkai bei www.Reiki-fuer-Tiere-Seminare.de im Blog unter „Das Interview von Mikao Usui"

Die Gedichte aus dem Handbuch „Hikkei" von Mikao Usui:

Das 4. Kapitel „Gyosei" mit den 125 Gedichten des Meiji-Kaisers:

~ vollständig im „Reiki-Kompendium" von Petter/Lübeck/Rand ab S. 282

~ teilweise in „Gendai Reiki Ho" von Hiroshi Doi auf Deutsch ab Seite 93

Die Handpositionen aus dem Handbuch „Hikkei" von Mikao Usui:

Nur das 3. Kapitel mit den rund achtzig Hand- und Fingerpositionen für Behandlungen ohne das 2. Kapitel mit dem Interview:

~ im Buch „Originalhandbuch des Mikao Usui" von F. A. Petter von 1999. Die ersten 15 Seiten von diesem Buch als Leseprobe bei Amazon unter dem Buchtitel oder als PDF, wenn man in eine Suchmaschine die Stichwörter „www.biderundtanner.ch Handbuch Mikao Usui" eingibt.

~ Fotos von Handpositionen etc. aus dem Reikibuch von Kaiji Tomita von 1933 bei www.Reiki-fuer-Tiere-Seminare.de im Blog bei „Handbücher"

Infos zu den Techniken, die Chujiro Hayashi unterrichtete:

~ im Internet bei www.ReikiGreyBook.com mit vielen historischen Details und Auszügen aus Hawayo Takatas Reiki-Aufzeichnungen von 1935/1936

~ im Buch „Die Reiki-Techniken des Chujiro Hayashi" von Frank Arjava Petter und Tadao Yamaguchi aus dem Jahr 2003

~ im Buch „Jikiden Reiki" von Tadao Yamaguchi auf Deutsch von 2006

Zum Handbuch „Reiki Ryoho Shishin" von Chujiro Hayashi:

Der kleine „Reiki-Behandlungs-Leitfaden" mit Handpositionen:

~ vollständig auf Deutsch bei www.ReikiGreyBook.com

~ vollständig ohne Abbildungen im Buch „Reiki-Kompendium" von Petter/ Lübeck/Rand aus dem Jahr 2000 auf den Seiten 188 bis 199

~ vollständig mit Abbildungen im Buch „Die Reiki-Techniken des Chujiro Hayashi" von Frank A. Petter und Tadao Yamaguchi von 2003, der Titel der englischen Ausgabe ist: „The Hayashi Reiki Manual: Traditional Japanese Healing Techniques from the Founder of the Western Reiki System" - „Das Hayashi-Reiki-Handbuch: Traditionelle japanische Heiltechniken vom Begründer des westlichen Reiki-Systems" von 2003

Aufzeichnungen von Hawayo Takata und Reiki-Dokumente von ihr:

~ bei www.ReikiGreyBook.com, u. a. ihre Urkunde als Reikilehrerin

~ im Nachlassarchiv von Hawayo Takata und Phyllis Furumoto in der kalifornischen Uni Santa Barbara im Rahmen der „American Religions Collektion". Dort können sich Reiki-Dokumente und Fotos sowie ihr Tagebuch mit ihren Einträgen zu Reikitechniken von 1935 angesehen werden. (223) Dieses umfangreiche Archiv zur Reikimethode wurde von 2014 bis 2016 zusammengestellt von der Enkelin von Hawayo Takata, der Reikilehrerin Phyllis Lei Furumoto und ihrer Ehefrau Joyce Winough, die ebenfalls Reikilehrerin ist, sowie von Paul Mitchell, der ein naher Meisterschüler von Hawayo Takata war, und dem Wissenschaftler Dr. phil. Justin Stein, der Mitglied in der von Mikao Usui gegründeten Usui-Reiki-Gakkai ist. (224)

Das „Graue Buch" – „The Grey Book" zu Ehren von Hawayo Takata:
~ vollständig bei www.ReikiGreyBook.com mit einem Text von Hawayo Takata aus dem Jahre 1948 zur „Kunst des Heilens", ihrem Zertifikat als Reikilehrerin, dem Abdruck des ihr von Chujiro Hayashi übergebenen „Reiki Ryoho Shishin", dem kleinen „Reiki-Behandlungs-Leitfaden" mit Handpositionen für Krankheiten, sowie einige ihrer Tagebuchaufzeichnungen zur Reikimethode aus ihren Ausbildungsjahren 1935 und 1936. (225) Das mit grauem Leinenstoff bezogene Buch, das „Graue Buch", hatte Hawayo Takatas Tochter Alice Takata Furumoto (1925–2013) im Jahr 1982 drucken lassen. (226) Alice war ebenfalls von Chujiro Hayashi auf seiner sechsmonatigen Hawaiireise in Reiki ausgebildet worden. (227) Sie ist die Mutter von Phyllis Lei Furumoto (1948–2019). Alice Takata Furumoto ließ einhundert Exemplare von dem Grauen Buch drucken und gab sie unter anderem den von Hawayo Takata ausgebildeten 22 Reikilehrerinnen und Reikilehrern. Die verschenkten sie zum Teil an ihre Schülerinnen und Schüler weiter. (228)

Mehr zur ehemaligen Praxis und dem Wohnhaus von Hawayo Takata in Hilo auf Hawaii mit dem heutigen kleinen Gedenkraum für sie:
bei www.Reiki.AxelEbert.net unter „Sitemape" bei „Im Haus von Hawayo Takata" mit Adresse, Eindrücken und Fotos

Mehr zu Hawayo Takata:
~ im Buch „Reiki leben – Takatas Lehren" von Fran Brown von 1992
~ „Reiki – Die Geschichte von Hawayo Takata" Helen Haberly von 1994
~ im Buch „Reiki-Kompendium" von Lübeck/Petter/Rand von 2000

Über die Frauen der weltweiten Reikiszene

aus den über einhundert Jahren, die es die Reikimethode schon gibt, haben die beiden Reikilehrerinnen Silke Kleemann aus München und Amanda Jayne aus dem englischen Kent 2022 das englischsprachige Buch „Women in Reiki" verfasst. Die deutsche Fassung folgt. Es enthält viele geschichtliche Fakten, Fotos und biographische Details zu den Frauen der Reikiszene von 1922 bis heute.

Für Informationen über die Entstehung und Entwicklung der Reikimethode von 1922 bis heute in Japan und in den westlichen Ländern:

~ Sonderheft „Chujiro Hayashi" vom Reiki-Magazin-Verlag
~ Sonderheft „Hawayo Takata" vom Reiki-Magazin-Verlag
~ Buch „Die Wurzeln des Reiki" vom Ehepaar Bronwen und Frans Stiene
~ Buch „Iyashino Gendai Reiki Ho" von Hiroshi Doi von 1998 auf Deutsch
~ Buch „Gendai Reiki Ho" von Hiroshi Doi von 2015 auf Deutsch
  Er konnte, genauso wie F. A. Petter, noch mit einigen nahen Familienangehörigen von Mikao Usui sprechen
~ Buch „Das ist Reiki" von Frank Arjava Petter
~ Buch „Die geschichtliche Entwicklung der Reikimethode" von I. Planke
~ Buch „Women in Reiki" von Silke Kleemann und Amanda Jayne
~ Buch „Reiki-Journey" von Olaf Böhm mit Fotos von Mikao Usui u.a.

Die genaue Wegbeschreibung zum Gedenkstein und dem Familiengrab von Mikao Usui in Tokio, zu seinem Geburtsort und seiner Schule in Yamagata-Taniai sowie zum Kuramaberg bei Kyoto

inklusive aller Standorte auf Googlestreetmap findet man auf www.Reiki-fuer-Tiere-Seminare.de im Blog bei „Japan-Reise zu Reiki-Orten"

Tipps und Links, um diese drei Reiki-Orte in Japan einmal selbst gemütlich innerhalb einer Urlaubswoche aufsuchen zu können:

auf www.Reiki-fuer-Tiere-Seminare.de bei „Japan-Reise zu Reiki-Orten"
Die Flüge Berlin-Tokio-Berlin kosteten 2024 rund 1.100 Euro, vier Mahlzeiten pro Tag ab 40 Euro, Übernachtungen gab es ab 40 Euro. Deutsch-japanische Unterhaltungen vor Ort können ganz einfach simultan mithilfe des Smartphones per „Google-Translater" geführt werden. Telefonkarten dafür und freies WLAN gibt es im Flughafen, Hotels und den Innenstädten.

Häufig gestellte Fragen zur Anwendung

Diese Reihe „Reiki-Techniken für Tiere" umfasst drei Bücher:
1. Buch: „Die Chakren- und Auraheilung für Tiere"
2. Buch: „Die zwölf Reikitechniken von Mikao Usui für Tiere"
3. Buch „Die Fern- und die Emotional-Mental-Behandlung für Tiere"

Im 1. Buch „Die Chakren- und Auraheilung für Tiere" antworte ich auf die Fragen: Darf man bei Reikibehandlungen Diagnosen stellen? Gibt es Übertragungen bei Reiki? Welche Reaktionen und Heilreaktionen treten bei Reikibehandlungen auf? Kann Reiki auch bei Krebs, Asthma, Epilepsie und bei Schwangeren gegeben werden? Sollte man Reiki auf mit Milben befallene Tiere geben? Wie kann man Tiere so begrüßen, dass sie eine direkte Behandlung leichter zulassen? Was bedeutet der Heilschlaf? Wie bekommt man eine Zustimmung von Tieren? Wie hoch könnte mein Honorar sein? Darf man für eine Reikigabe privat ein Entgelt annehmen, ohne dass man deswegen beim Finanzamt eine Selbstständigkeit anmelden muss? Muss ich mich versichern bei Behandlungen? Muss man etwas rechtlich beachten bei Reikibehandlungen? Geht Reiki auch durch eine Pferdedecke hindurch und im Winter, wenn die Hände kalt sind?

Hier im 2. Buch „Die zwölf Reikitechniken von Mikao Usui für Tiere" habe ich vorn im I. Kapitel einige häufig gestellte Fragen beantwortet.

Im 3. Buch „Die Fernbehandlung und die Emotional-Mental-Behandlung für Tiere" beantworte ich Fragen zu Fernreikivarianten, zu den drei Reikisymbolen, wie man eine passende Formulierung für eine Emotional-Mental-Behandlung findet, wie man ein Fernreikiprojekt für Tiere aufbauen kann und andere mehr.

Bei welchen Problemen kann man welche Reikitechnik anwenden?

1. Byogen zum Behandeln der Krankheitsursache – hier im Buch S. 36
Bei allen körperlichen Problemen

2. Heso, die Bauchnabelbehandlung S. 39
Allgemein für den Bauchraum
Bei Nabelbruch
Bei Empfindlichkeiten rund um den Nabel
Für Wohlbefinden

3. Tanden-Chiryo zum Aufladen des Tanden-Energiespeichers S. 44
Für mehr Lebenskraft
Um das Energielevel zu steigern
Bei der Geburt
Zur Rekonvaleszenz
Während herausfordernder Lebensphasen
Nach dem Ankommen im neuen Zuhause
Im Alter

4. Gedoku zum Entschlacken und Entgiften S. 53
Nach verkehrtem Essen
Bei unangenehmen Nebenwirkungen von Medikamenten oder anderem
Bei aufgenommenen schädigenden Stoffen

5. Byosen, der Körperscan zum Erfassen von Problemstellen S. 54
Um körperliche und emotionale Probleme zu erfassen

6. Reiji zum Aufspüren von disharmonischen Bereichen S. 80
Um Probleme und Disharmonien, auch aus früheren Zeiten, zu erfassen

7. Die Direktbehandlung S. 84
Bei allen körperlichen Problemen wie einer Erkrankung, Verletzung, Verstauchung, zur unterstützenden Wundheilung u. a.

Bei Schmerzen
Bei Jucken oder Pfotenknabbern
Zur Rekonvaleszenz
Bei Altersproblemen

Da Reiki ganzheitlich körperlich und emotional wirkt und entspannt, kann man die Hände beispielsweise auf Herz oder Kopf oder den Körper auflegen, zur Hilfe bei folgenden Themen:
Bei Unruhe und Unsicherheit
Zum Ankommen im neuen Zuhause
Bei emotionalen Problemen wie Verhaltensauffälligkeiten und Traumata
Bei mentalen Problemen zur Unterstützung bei Training und Turnieren
Zum Entspannen bei der Autofahrt, im tierärztlichen Wartezimmer, beim Hufschmied, beim Krallenschneiden und Frisörbesuch
Zum Vertrauensaufbau
Als Wohlfühlgeschenk

8. Shuchu-Reiki, das gemeinsame Behandeln eines Tieres S. 89
Bei allen Problemen

9. Die Handpositionen aus dem Handbuch von Mikao Usui S. 92
Bei körperlichen Problemen

10. Gyoshi, das Weitergeben der Reikienergie über die Augen S. 96
Bei körperlichen Problemen
Für ein angenehmes Wohlgefühl

11. Seiheki, die Emotional-Mental-Harmonisierung S. 99
Zur Auflösung von emotionalen Problemen wie einer Verhaltensauffälligkeit und einem Trauma
Zur Veränderung von mentalen Problemen bei Training und Turnieren
Zur Auflösung von Ängsten bei Autofahrt, Tierarztbesuchen, Hufschmied, Krallenschneiden, Frisörbesuch

12. Enkaku, die Fernbehandlung S. 102
Bei allen Problemen
Bei sich ängstlich versteckenden, scheuen und unruhigen Tieren

Bei auskeilenden, aggressiven oder gefährlichen Tieren

Bei verschwundenen Tieren, siehe Seite 78

Für Tiere in Tierheimen, auf Pflegestellen, in Kliniken

Zur Verbesserung von Vermittlungschancen von Tieren in Tierheimen

Ideal bei Kleinst- und Großtieren sowie Wildtieren

Ideal bei fliegenden, schwimmenden oder versteckt lebenden Wildtieren sowie für herumziehende Tiere wie ein Freigängerkater

Für die gleichzeitige Behandlung mehrerer Tiere

Als Wohlfühlgeschenk

Zur Beachtung: Die Reikimethode kann sehr viel bewirken, aber selbstverständlich keine tierärztliche Diagnostik und Behandlung ersetzen.

IV. Weiteres

Mehr zu mir

In den 1. Reikigrad wurde ich 1994, vor über dreißig Jahren ausgebildet, 1996 in den 2. Grad, 2004 in den 3. Grad und 2005 in den 4. Grad.

Seit 2005 biete ich vollberuflich in meiner „Praxis für Mensch und Tier" Reiki, Reikiausbildungen sowie Seminare und Onlinekurse zu Reikitechniken an. 1999, 2006 und 2019 unternahm ich zum besseren Verständnis der Reikimethode mehrwöchige Reisen nach Japan und besuchte dort jedes Mal Reikiorte.

Infolge meiner ersten zwei Japanreisen 1999 und 2006 und den Fragen, die mir ab 2005 als Reikilehrerin von den Seminarteilnehmenden gestellt wurden, interessierten mich immer mehr die Ursprünge der Reikimethode. Ebenso deren weltweite Entwicklung sowie die Reikitechniken, die von Mikao Usui gelehrt wurden. Deshalb ließ ich mich Ende 2006 von der Reikilehrerin Hiroko Kasahara noch zusätzlich in den 1. bis 4. Grad der japanischen Reikitradition unterrichten. Sie bekam ihre Ausbildung 2002 in Japan im Einzelunterricht durch Hiroshi Doi. Er wiederum wurde ab 1993 von Kimiko Koyama ausgebildet, die von 1975 bis 1998 die sechste Präsidentin der von Mikao Usui gegründeten Usui-Reiki-Gakkai war. So erlernte ich die Techniken des Shoden und Okuden, die Mikao Usui lehrte. Seit über fünfzehn Jahren gebe ich Aufbauseminare zu den zwei Themen „Tiere mit Reiki behandeln" und „Die von Mikao Usui unterrichteten Reikitechniken" für alle, die den üblichen 1. Reikigrad haben und ihr Repertoire erweitern möchten.

Mit den Reikibüchern möchte ich mein Wissen zum Wohle der Tiere und Menschen weitergeben.

Mehr Informationen

~ zu meinen anderen Reiki-Büchern

~ zu den Aufbau-Seminaren
„Tiere mit Reiki behandeln"
„Reikitechniken von Mikao Usui"

~ zum Online-Kurs
„Acht Reikitechniken für Tiere erlernen"

~ zu den Videos
mit der Beschreibung von Reikitechniken

~ zum monatlichen Newsletter
~ zu Buchlesungen mit Workshops
~ zu Aktionen und Gratis-Angeboten

stehen auf meiner Webseite

www.Reiki-fuer-Tiere-Seminare.de

Quellenverzeichnis

Hinweise:

Zum Auffinden der Links bitte die angegebenen Links mit den Stichwörtern in eine Suchmaschine oder bei der angegebenen Webseite in deren Suchfunktion den Titel des Artikels eingeben.

Die im Quellenverzeichnis aufgeführten Weblinks und deren zitierte Inhalte wurden 2024 überprüft. Sollte sich danach etwas am Inhalt geändert haben, kann dafür keine Haftung übernommen werden, weder vom Verlag noch von der Autorin.

Abkürzungen:

www.Wikipedia.de ist hier abgekürzt mit „Wikipedia".

„R-Syst." steht für das Buch „Die Reiki-Systeme der Welt" von Oliver Klatt

„Doi" für „Gendai Reiki Ho" von Hiroshi Doi in der deutschen Ausgabe

„WdR" für „Die Wurzeln des Reiki" von Bronwen und Frans Stiene

„DiR" für das Buch „Das ist Reiki" von Frank Arjava Petter

„R-Mag." für das Reiki-Magazin, www.Reiki-Magazin.de

„Jiki." für das Buch „Jikiden-Reiki" von Tadao Yamaguchi

„R-Komp." für „Das Reiki-Kompendium" Rand, Lübeck, Petter

„R-Syst." für „Die Reiki-Systeme der Welt" von Oliver Klatt

„Reiki-Leben" für „Reiki-Leben - Hawayo Takata" von Fran Brown

Die Quellenangaben:

(1) Ein Bericht dazu stand im „Reiki-Magazin" Nr. 1/2017: Michaela Hauser beschrieb bei ihrem persönlichen Weg, dass sie krank und depressiv war. Nach sieben Jahren Reikipause begann sie sich zweimal täglich Reiki zu geben. Nach anderthalb Jahren war sie gesund und hatte über zwanzig Kilo abgenommen, obwohl sie in dieser Zeit nicht weniger gegessen hatte. Heute ist sie Reikilehrerin und Abnehmcoach. // Auch andere bekamen von Reikipraktizierenden, die nach Monaten oder Jahren der Pause wieder mit Behandlungen begannen, Feedbacks, dass Reiki klappte. Man kann sich auch noch mal zusätzlich eine „Auffrischung" geben lassen, indem man eine Reikilehrerin oder einen Reikilehrer um eine erneute Einstimmung bittet. Das dauert eine halbe bis eine Stunde und wird meist zum Stundenpreis gemacht. Oder man besucht noch mal ein Reikiseminar und bekommt dabei noch einmal eine Einstimmung. Das ist aber nicht wirklich nötig.

(2) S. 168 Doi // www.Gendai-Reiki-Ho.de → Home // WdR S. 379 bei „Reiju"

(3) S. 58 DiR: Auf dem Gedenkstein steht dazu: „Eines Tages ging er zum Berg Kurama, um sich zur Meditation zurückzuziehen. Er fastete dort zwanzig Tage."

(4) S. 58 DiR // S. 14 R-Komp.

(5) S. 58 DiR // Zu Koutoku no Hi: S. 28 Doi unterm Foto // S. 20 WDR: Auf den Gedenkstein steht: "Kudoko no hi" = „Zur Erinnerung an die Verdienste von Usui Sensei, der Begründer des Reiho". Reiho ist eine veraltete Form des Ausdrucks Reiki Ryoho und bedeutet wörtlich übersetzt „spirituelle Methode". „Reiki Ryoho bedeutet „Methode zur Heilung mit spiritueller Energie".

(6) S. 30 Doi → Hiroshi Doi dürfte diese Auskunft bei seinem Besuch bei nahen Familienangehörigen von Mikao Usui, wie seiner Nichte oder seinen Enkeln, bekommen haben.

(7) S. 58 DiR u. a. m.

(8) S. 402 WdR // R-Mag. Ausgabe 02/2003 ab S. 38

(9) S. 14 R-Komp.

(10) S. 26 und S. 27 Doi // S. 18 WdR // S. 19 WdR: Im Chinesischen ist die Entsprechung für Rei-Ki der Begriff Ling Chi beziehungsweise Ling Qi

(11) S. 26 Doi // Wikipedia → Tenno und → Meji-Kaiser

(12) S. 26 Doi

(13) S. 26 Doi

(14) S. 20 und S. 21 WdR

(15) Wikipedia → Traditionelle Japanische Medizin // www.Integrale-Stroem-Akademie.at → Stroem-Geschichte

(16) S. 59 DiR // S. 402 WdR // R-Mag. Ausgabe 02/2003 ab Seite 38

(17) S. 52 DiR: Er erhielt später, wie viele Tausend andere Mithelfende auch, eine kaiserliche, amtliche Ehrenurkunde für seine „Verdienste bei der Bewältigung der Folgen des Erdbebens".

(18) S. 63 DiR

(19) S. 238 DiR

(20) S. 52 DiR

(21) S. 71 DiR

(22) S. 71 DiR ist der Name „Ishie Mine". Bei WdR S. 373 beim Stichwort „Mine" steht der Name „Imae Mine". // Die Lebensdaten von Umetaro Mine: WdR S. 373

(23) S. 71 DiR // Lebensdaten von Umetaro Mine WdR S. 373

(24) S. 71 DiR

(25) Mehr zur Familie siehe S. 37 Gendai, S. 29 und 30 DiR, ab S. 56 WdR

(26) Zu Einzelhandel und Misoverkauf: S. 29 und 30 DiR, dort wird er „Kunishi" geschrieben. // Zu „Polizist" und mehr zur Familie siehe S. 37 Gendai, dort wird er „Kuniji" geschrieben. // S. 61 WdR: Mikao Usui wurde erst sehr spät Vater mit 42, damals „galt mit über 20 schon ungewöhnlich" // Hiroshi Doi hatte genauso wie Frank A. Petter Verwandte der Usuis im Elterndorf der Familie Usui zu ihm und zu seinen Kindern und den in Tokio lebenden Enkelkindern und

Verwandten befragt. // S. 57 WdR zu der testamentarischen Verfügung der Frau von Mikao Usuis Sohn

(27) Das Dokument fand Hyakuten Inamoto www.Komyodo.de // S. 27 Reiki-Magazin 04/2016 und S. 37 Doi // In „Gendai-Reiki" von H. Doi steht die Jahreszahl 1924 für Kunijis Ausbildung zum Shihan. // Mehr zur Familie siehe S. 37 Doi und S. 29 und 30 DiR

(28) Mehr zur Familie: S. 37 Doi, dort wird sein Name „Kuniji" geschrieben, und S. 29 und 30 DiR dort wird sein Name „Kunishi" geschrieben

(29) S. 53 DiR

(30) S. 58 DiR zu Tokio // S. 58 DiR // S. 18 und 19 im Sonderheft „Mikao Usui" vom www.Reiki-Magazin.de: Auf dem Gedenkstein steht: „Seine Ehefrau hieß mit Familiennamen Suzuki und mit Vornamen Sadoko" beziehungsweise „Teiko." Teiko ist eine weitere und gängigere Aussprache des Vornamens Sadoko. // S. 59 DiR: Der Geburtsname von Mikaos Mutter, Kawai, wird wie der von Sadoko auf dem Gedenkstein aufgeführt. // Das Geburtsjahr von Sadoko Usui wird nirgendwo erwähnt. Hiroshi Doi, den ich dazu fragte, wusste es auch nicht. Er meinte, dass in dem Stammbaum der Familie Usui, den er bei Verwandten von Mikao Usui einsehen konnte, nur die Männer aufgezählt werden. Das war damals so üblich.

(31) Kinder leben in Tokio: S. 34 Doi, S. 55 DiR, S. 57 WdR // Sowohl Hiroshi Doi als auch F. A. Petter besuchten Verwandte in Tanai und die Enkel von Mikao und Sadoko Usui in Tokio und sprachen mit ihnen - siehe S. 34 Doi, S. 55 DiR

(32) S. 396 WdR // Zu Gyohan: S. 23 R-Syst. // Die Information zur Vergabe des buddhistischen Namens nach dem Tod und zum Künstler- und Intellektuellen-Namen sind von Hiroko Kasahara // Zu dem Namen von Mönchen und Nonnen: www.Religion-in-Japan.univie.ac.at → Alltag → Buddhistische Mönche

(33) S. 89 Doi // S. 115 WdR // S. 128 DiR // S. 23 R-Syst. zum Namen Gyohan

(34) S.39 DiR

(35) S. 88 Doi

(36) S. 56 DiR // S. 89 Doi

(37) S. 23 R-Syst.

(38) S. 49 R-Mag. Ausgabe 4/2022 in der sehr genau erklärten Übersetzung des Gedenksteins durch den Japanologen Dr. Mark Hosak // S. 59 DiR // S. 175 WdR

(39) S. 23 R-Syst. zu „Hätte man erwähnt ..."

(40) S. 23 R-Syst.

(41) S. 26 Doi // S. 41 DiR

(42) S. 14 und S. 296 R-Komp.

(43) S. 59 DiR

(44) S. 59 DiR

(45) S. 61 DiR

(46) S. 402 WdR und R-Mag. Ausgabe 02/2003 ab S. 38 // S. 229 WdR.: Der Verweis auf die Gründung durch Mikao Usui steht auf dem Gedenkstein.

(47) S. 14 R-Komp.

(48) Zum Name und zur Registrierung: S. 21 WdR // Zum Name: S. 61 Jik.

(49) S. 14 R-Komp. // Bis 60 Zweigstellen: S. 75 Doi // 60 Zweigst.: S. 87 DiR

(50) Die Angabe von S. 61 DiR bezieht sich wohl auf das Jahr 1925, weil sich Harue Nagano auf Mai 1925 bezieht, in dem er bei einem Reiju-Kai Mikao Usui kennenlernte. // 40 Zweigstellen laut Gakkai: S. 84 DiR

(51) S. 14 R-Komp. // Bis 60 Zweigstellen S. 75 Doi // S. 87 DiR: 60 Zweigst.

(52) S. 42 und S. 43 Doi // Auch S. 39 und 53 Doi

(53) S. 43 und S. 44 Doi

(54) Zu 1954: S. 46 und S. 50 Doi // Bei www.Jikiden-Reiki-Nishina.com → Hawaii → 21.2.1938: Chujiro Hayashi hielt am 21.2.38 die Rede, in der er sagte, dass es in seiner Gakkai 13 Shihans gibt, u. a. seine Frau und Hawayo Takata. Ein Auszug dieser Rede stand in der Zeitung.

(55) Laut S. 6 Sonderheft „Chujiro Hayashi“ vom www.Reiki-Magazin.de wurde er 1930 Pensionär und eröffnete 1931 die Praxis. // Stadtbezirk und Adresse S. 78 DiR, dort auch: „zehn Liegen.“ Wasaburo Sugano erlernte von Ch. Hayashi schon 1928 den Shoden und Okuden.

(56) Zu „1931“: S. 137 WdR und S. 33 R-Syst. // 14 / 15 // Zum Namen: S. 137 und S. 359 WdR // S. 79 DiR schreibt er von „Institut“. „Kenkyukai“ wird bei www.Deepl.com mit „Forschungsgesellschaft“ übersetzt

(57) S. 84 und S. 85 DiR

(58) 17 / www.Jikiden-Reiki-Nishina.com → Hawaii. Laut dieser Website waren die Zweigstellen unter anderem in Kyoto, Nagoya, Bunkai, Daishoji, Chichibu, Sendai, Morioka, Aomori und ab 1938 auch in Hawaii mit Hawayo Takata als Leiterin. // Bei S. 84 DiR: „Die Hayashi-Gakkai hatte rund dreißig Zweigstellen.“ // Zu: „40 Außenstellen“ S. 29 „Das Reiki-Feuer“ von A. Petter // „60 Außenstellen“ und dass „jeder behandelt wurde, auch Nichtmitglieder“ S. 39 Doi // „13 mit 250 Mitgliedern in T. und insgesamt 600“ S. 77 DiR // „1929 ca. 7.000 Mitglieder“ S. 42 Doi

(59) Zur Bombardierung des Gakkai-Büros: S. 14 Doi // S. 239 DiR

(60) S. 71 und S. 72 DiR

(61) S. 72 DiR

(62) S. 62 DiR

(63) S. 77 DiR: „Die Hauptgruppe in Tokio hatte etwas 250 Mitglieder, die gesamte Gruppe hatte rund 600 Mitgliedern.“

(64) S. 241 DiR: Aussage von 1997 von Fumio Ogawa: „Zur Zeit gibt es nur sechs Shihan in der Usui-Gakkai von etwa 500 Mitgliedern.“

(65) S. 39 Doi

(66) Zu Justin Stein siehe www.JustinStein.Academia.edu bei „CV" // S. 26 und 27 Doi // S. 18 und 19 WdR // „Einige Ausländer": www.Gendai-Reiki-Ho.de → Home // Hiroshi Doi ist seit 1993 Mitglied in der Usui-Gakkai und bekam seinen Shoden und Okuden von Kimiko Koyama, der 6. Präsidentin der Gakkai - siehe www.Gendai-Reiki-Ho.de // www.JustinStein.Academia.edu → Research → PDF „Die historische Bedeutung von Mikao Usui" S. 12

(67) S. 233 DiR // S. 66 und S. 130 Doi

(68) S. 66 Doi

(69) S. 233 DiR // S. 66 und 130 Doi

(70) S. 77 DiR

(71) S. 117 Doi

(72) S. 66 Doi

(73) Zitat von S. 118 Doi. Der letzte Halbsatz heißt dort im Original: „dann die Übungen der Techniken, dass die Hand automatisch zur Stelle geführt wird, wo Byosen ausgestrahlt wird (Reiji-Ho), Reiki-Zirkel (Reiki-Mawashi) und die Konzentrationstechnik (Shuchu-Reiki)." Zum besseren Verständnis habe ich dort das Wort „Reiki-Zirkel" herausgenommen, weil das eine Dopplung von „Reiki-Mawashi" ist. // Mehr Informationen zu den Übungstreffen: S. 66 Doi

(74) Zur Namensübersetzung: S. 25 Reiki-Syst.

(75) S. 74 und 75 Doi // S. 376 WdR beim Stichwort „Ogawa, Fumio 1908-1998". Dort auch: „Fumio Ogawa veröffentlichte im Eigenverlag das Buch ´Reiki wa darenidomo Deru´.

(76) S. 75 Doi // Rangnamen: S. 134 R-Komp. // S. 36 R-Syst.

(77) S. 75 Doi

(78) S. 75 Doi // S. 241 DiR

(79) S. 134 R-Komp. / S. 25 R-Syst. / S. 141 bis 150 Jik. // S. 79 Doi

(80) S. 76 Doi

(81) S. 75 Doi // S. 241 DiR

(82) S. 74 und S. 75 Doi // S. 135 WdR

(83) S. 137 WdR und andere

(84) S. 136 WdR // S. 69 Doi // S. 239 DiR

(85) S. 119 WdR // S. 69 Doi

(86) S. 119 WdR steht: „Das Hikkei hat 68 Seiten" // S. 69 Doi: „Das Hikkei hat 72 Seiten", denn da wurden die Umschlagseiten mitgezählt

(87) www.Reiki-Techniken.de → Handbücher

(88) Vielen Dank an Junko und an Hiroko für das Übersetzen!

(89) Zum Inhalt der vier Kapitel: S. 71 Doi // Zu den Gyosei: S. 282 R-Komp.

(90) S. 92 Doi // S. 73 und S. 74 WdR

(91) Zu Buddha und seine Sicht auf Tiere als Gleichwertige: www.SwissVeg. ch → Tiere → „Buddhismus" u. a. Religionen // www.Docplayer.org →

„Mahayanische Ansichten zu Buddhismus und Tieren"

(92) Wikipedia → Japanische Küche // www.Sein.de→ Suche → „Vegetarismus in den Weltreligionen, Gewaltfreiheit" vom 27.4.2016 // Zu Buddha und seine Sicht auf Tiere als Gleichwertige: www.SwissVeg.ch → Tiere → „Buddhismus" u. a. Religionen // www.Docplayer.org → „Mahayanische Ansichten zu Buddhismus und Tieren" // Der Meiji-Kaiser hob diesen Erlass auf // Mehr und Genaueres zu diesem Thema in meinem Buch „Tierkommunikation – Antworten auf Fragen zur TK und zu Tieren" ab S. 372 bis 379

(93) www.Presseportal.de → „Täglich Fleisch? Von wegen!" vom 26.5.2020 // www.BLE.de → „57,3 Kilogramm pro Person" vom 22.3.2021 // www.FR.de (Frankfurter Rundschau) → „2020 und 2010 – Was zehn Jahre so verändern" vom 30.8.2020 // Wikipedia → Fleischkonsum in Deutschland // www.ProVeg. com → „Anzahl der vegan und vegetarisch lebenden Menschen"

(94) S. 164 WdR // Sie machte ab und an Ausnahmen. // Sonderheft „Hawayo Takata" von www.Reiki-Magazin.de // S. 160 „Reiki Leben" von Fran Browen

(95) Zu H. T.: S. 167 WdR // Zu M. U.: S. 89 Doi // H. T. wurde auf einen buddhistischen Friedhof auf Hawaii beerdigt, er auf den buddhistischen Saihoji-Friedhof in Tokio.

(96) Wikipedia → Japanische Küche // www.Sein.de → Suche → „Vegetarismus in den Weltreligionen, Gewaltfreiheit" vom 27.4.2016 // Zu Buddha und seine Sicht auf Tiere als Gleichwertige: www.SwissVeg.ch → Tiere → „Buddhismus" u. a. Religionen // www.Docplayer.org → „Mahayanische Ansichten zu Buddhismus und Tieren" // Der Meji-Kaiser hob diesen Erlass auf. / Mehr und Genaueres zu diesem Thema in meinem Buch „Tierkommunikation – Antworten auf Fragen zur Tierkommunikation und zu Tieren" S. 372 bis 379

(97) Auflistung der vielen veganen Restaurants in Japan u. a. bei: www. happycow.net/asia/japan und bei www.Wanderweib.de → Tipps-vegan-durch-japan-reisen // Zur vegetarisch-veganen Tempel-Küche Shojin-Ryori: www. Japanwelt.de → Blog → Shojin-Ryoyi → Traditionelle buddhistische Küche in Japan → Ein traditionelles Gericht // www.Japan-Experience.com → Japanreise planen → Japanwissen→ Japan essen → Shojin Ryoyi Küche Mönche // www. EuroNews.com → Reise → 2026/03/21 Shojin Ryoyi // Chozenji-Tempel: www.GetYourGuide.de → Takehara → Buddhismus und Geschichte // www. Tripadvisor.de → Koyasan Fudoin Temple // Zu Chubuko, den Tempelherbergen: www.Japan.Travel.de → Guide → Jpan-Unterkunft // www.Japan.Travel. de → Spiritualität im 1200 Jahre alten Zentrum des Shingon-Buddhismus für Pilgerinnen und Pilger auf dem Kumano-Kodo-Pilgerweg im Shukubo in Koyasan bei Osaka // www.Wanderweib.de → Koyasan → Reise → Pilgerwege

(98) Wikipedia → Shintoismus // Zu den 90 %: www.Japanwelt.de → Blog → Religion in Japan

(99) Zur Reiki-Alliance: S. 54 R-Syst. // Zu den Lebensregeln ab 1980: www.Reikiland.de → Was sind die Lebensregeln?

(100) www.Reikiland.de → Was sind die Lebensregeln?

(101) S. 72 WdR // S. 17 DiR

(102) Der Auszug ist von www.Lichtsegen.de. Er wurde dankenswerterweise freigegeben zum universellen Copyright. www.Threshold.ca → Reiki → Hikkei. Das Interview ist von: „Reiki Threshold" und „Lichtsegen", es wurde dankenswerterweise freigegeben zum universellen Copyright. Die Übersetzung des Altjapanischen ist von Emiko Arai, die ins Englische von Richard Rivard, die vom Englischen ins Deutsche von Einar Stier und mir.

(103) Der Auszug mit der 1. und 3. Frage und Antwort ist von www.Lichtsegen.de. Er wurde dankenswerter Weise freigegeben zum universellen Copyright. Der Auszug mit der 2. Frage und Antwort: S. 67 DiR. Der Text steht auch S. 67 Doi, S. 65 bis S. 69 DiR, S. 121 WdR

(104) S. 73 Doi

(105) www.ReikiGreyBook.com. Er fügte noch zwei einfache Anatomiebilder hinzu. Auf der Website www.Reiki-Techniken.de ist es im Blog unter dem Artikel „Handbuch von M. Usui und Ch. Hayashi" mit anderen Fotos aus der Geschichte der Reikimethode abgebildet.

(106) S. 73-74 Doi // S. 28 „Original-Handbuch von M. Usui" von F. A. Petter

(107) S. 258 WdR mit einer Beschreibung // S. 48 „Original-Handbuch von M. Usui" von F. A. Petter: Dort steht keine Erklärung der beiden Techniken, aber man weiß, wie sie ausgeführt werden.

(108) Ein Waka ist ein Gedicht mit fünf Zeilen, deren 1. Zeile immer aus 5 Silben besteht, die 2. aus 7, die 3. aus 5 und die 4. und 5. Zeile aus 7 Silben.

(109) Zu „Tenno" siehe Wikipedia → Meiji-Kaiser

(110) Gedichtbände im Souvenirladen in Tokio von Kaiserin Shoken und dem Meiji-Kaiser: www.Japan-Experience.com → Alles über Japan → Tempel und Schreine → Meiji-Jingu-Schrein // www.EMB-Japan-go.jp → NaJ → PDF Kultur

(111) Wikipedia → Shoken

(112) Ein großer Dank für die deutschsprachigen Übersetzungen der vier Gedichte geht an Hiroko und Junko

(113) S. 75 Doi

(114) S. 78-79 Doi // S. 144-186 R-Komp. // S. 229-261 WdR // Shuchu ist als Technik des Shoden in der Usui-Gakkai aufgeführt bei S. 78 Doi und als von Mikao Usui S. 164 R-Kompendium, Frans Stiene meint auf S. 257 WdR, sie ist nicht von M. Usui // Die Undo-Technik wurde nur von einigen aus der Usui-Gakkai praktiziert laut S. 79 Doi.

(115) www.Jikiden-Reiki-Nishina.com → Reiki in Hawaii

(116) www.Jikiden-Reiki-Nishina.com → Reiki in Hawaii → Bei 18.11.1937

(117) S. 139 und 125 „Reiki-Leben – H. Takatas Lehren" von Fran Brown

(118) Zur Grundbehandlung: S. 26 Reiki-Kompendium

(119) Zu „Schaltzentrale der Gesundheit": www.Netdoktor.de → Magazin → Darmgehirn mehr als nur ein Bauchgefühl // www.Geo.de → Wissen → Forschung → Neurologie wie der Bauch den Kopf bestimmt // www.Biogena.com → Wissen → Blog → Die Darm-Hirn-Achse // www.RND.de → Wissen → Der Darm wichtige Schaltzentrale // Zu „Zentrum der Selbstheilungskraft": S. 126 R-Syst.

(120) www.Dorntherapie-Berlin.de // www.TK.de → Magazin → Sport → Gesunder Rücken → Nerven entlang der Wirbelsäule // www.Fobi-Hagen.de → Wirbelsäulentherapie nach Dorn und Meridiantherapie // www.Netdoktor.de → Alternativmedizin → TCM → Meridiane

(121) Zu K. Taketomi: S. 73 DiR // Zu K. Koyama: S. 76 DiR

(122) S. 182 DiR

(123) S. 28 „Original-Handbuch von Mikao Usui" von F. A. Petter

(124) Bei Pferden und Hunden: www.Spiegel.de → Wissenschaft → Natur → Pferde können Gesichtsausdrücke von Menschen deuten // www.Pferde.de → Studie zeigt: Pferde können Gesichter erkennen auf Fotos" // www.Cavello.de → Über Blicke mit Pferden kommunizieren

(125) www.Zhinengqigong-Deutschland-eV.de → Methoden → Akupunkturpunkte

(126) www.Zhinengqigong-Deutschland-eV.de → Methoden → Akupunkturpunkte

(127) www.Abendblatt.de → Nicht nur Menschen auch Tiere haben einen Bauch-nabel // www.Nationalgeographic.de → Tiere → Erstmals Bauchnabel in Dino-fossil gefunden // www.GuteFrage.net → Wo ist der Bauchnabel von Pferden

(128) www.GuteFrage.net → Meine Hündin hat einen knubbeligen Bauchnabel

(129) Sehr gut: www.Rover.com → Blog → Haben Hunde einen Bauchnabel // www.Sollis-Hundebedarf.de → Blog → Ratgeber → Nabelbruch Hund // www.Tierarztpraxis.de → Leistungen → Chirurgie Nabelbruch // www.EHorses.de → Magazin → Nabelbruch Fohlen // www.Petdoctors.at → Katze → Symptome Krankheiten → Nabelbruch

(130) S. 127 R-Systeme

(131) 8 // S. 25 „Original-Handbuch von M. Usui" von F. Petter // S. 125 R.-Syst

(132) S. 53 Doi // S. 127 WdR // wwww.ihreiki.com → Blog → Tomitas 1933 Reiki Book // www.ReikicentersofAmerica.org → Tomita

(133) S. 53 Doi zu „ab 1925" und zu „200.000" und „Gründung eigener Gesellschaft"// S. 127 WdR // www.ReikicentersofAmerica.org → Tomita // www.IHReiki.com → Blog → Tomitas 1933 Reiki Book

(134) S. 127 R-Systeme

(135) www.Qigong-Institut.ch → Qigong → Meridiansystem

(136) S. 4 bei www.JustinStein.Academia.edu → Research Reviews → Downloads → Die historische Bedeutung von M. Usui // S. 52, 63 und 238 DiR

(137) Wikipedia → Dantian

(138) www.Tanden-Aikido.de → Aikido-→ Wissen → Aikido-Buch → Kapitel 2 → Tanden-Zentrum // Siehe auch (140)

(139) Siehe (140)

(140) www.Budopedia.de → Bei „Suche" das Stichwort „Hara" eingeben → Artikel „Hara" // Wikipedia → Hara (Tanden) // Wikipedia → Dantian

(141) www.Thieme-Connect.de → Hans-Ulrich Hecker, „Praxis-Lehrbuch Akupunktur", Grundlagen der Akupunktur und TCM: Die Akupunkturpunkte // www.Dr-Strobl.de → Akupunktur Cun → Patienteninfo für Akupunktur // Wikipedia → Cun (Einheit) // Wikipedia → Huangdi Neijing

(142) Siehe (140)

(143) www.Budopedia.de → Bei „Suche" das Stichwort „Hara" eingeben → Artikel „Hara" → Dort bei „Tanden, der Mittelpunkt des Hara"

(144) Siehe (143)

(145) S. 185 R-Komp.

(146) Wikipedia → Huangdi Neijing // Erste Schriften zur Akupunktur bei Tieren: www.Thieme-Connect.de → Taschenatlas Akupunktur bei Hund und Katze // www.Tier-Therapie-Zentrum.de → Ein Überblick zur Tierakupunktur // www.Vet-TCM.de → Was ist Akupunktur // www.ATM.de → Therapien → Tierakupunktur

(147) www.Tier-Akupunktur.info → Historie

(148) www.Waterdragonarts.com → Blog → Mingmen

(149) www.Akupunktur-Freystaetter.de → wissen → Blog → Die Sondermeridiane in der chinesischen Medizin Teil 1

(150) www.TCM-Samiloglu-Mannheim.de → Leistungen → Qigong und Tai-ji // www.Reformhaus.de → Themen → Naturheilmethoden → Steigern Sie ihre Lebensenergie

(151) www.Waterdragonarts.com → Blog → Mingmen // Siehe (150)

(152) Siehe (150) // Wikipedia → Yin und Yang

(153) Wikipedia → Qigong

(154) Siehe (1)

(155) S. 80 Doi

(156) S. 63-65 „dtv-Atlas Akupunktur" von Carl-Hermann Hempen 5. Auflage von 2001

(157) www.Vetevo.de → Blog → Hund-Ratgeber → MDR1-Gendefekt Hund mit der Aufzählung der Hunderassen, die vermehrt MDR1 haben

(158) „Hunde impfen – Der kritische Ratgeber" von Mo Peichl // www.Zentrum-

der-Gesundheit.de → beim Button „Suche" → „Impfungen Tiere" eingeben // www.Tierheilpraktiker-Hunde-Gesundheit.de → Beiträge → Tiermedizin → Der Impfwahnsinn

(159) www.HundeKatzenVital.de → Wissen → Wurmkuren // Tipps zum befallreduzierenden Weidemanagement und auch zu Hausmitteln: www. DieSelbstversorgerfamilie.com → Tierhaltung → Natürlich entwurmen // Weidemanagment und Entwurmung bei großen Herden: www.Hippothese. de → „Gesundheit und Haltung" // Zu Fohlen und Hundewelpen: www. Pferdedialog.de → „Wurmkur Teil 1" mit vielen Tipps in den Kommentaren // www.Wurmbekämpfung.eu // Bei Giardien- und Kokzidienbefall u. a. hat sich Kolloidales Silber über 28 Tage und Bioresonanz bewährt, insbesondere bei einer Resistenz, mehr dazu bei www.Vita- online24.de // Bio-Kokos-Öl und -Fett, auch bei Flöhen und Zecken bei www.Stern.de → „Kokosöl gegen Zecken, gut für Mensch und Tier" 25.2.21 // www.Huehner- Kraeuter.de → „Hühner natürlich entwurmen" // www.Selektive-Entwurmung.com → Aktuelles → 2017 → „Sammlung aller Texte"

(160) www.Uniklinikum-Saarland.de → Einrichtungen → Facheinrichtungen → Zellbiologie → Die Entwicklung des Antibiotikums // Wikipedia → Penicilline // Zu den drei Männern siehe bei Wikipedia unter deren Namen // Wikipedia → Medizintechnik // Wikipedia → Stent // Wikipedia → Dialyse. Die Dialyse wurde in der Forschung zwar schon 1924 in Deutschland bei ersten Menschen angewandt, aber erst 1966 nach der Entwicklung von arteriovenösen Stents als dauerhaftem Blutgefäßzugang wurde eine reguläre Behandlung einer chronischen Niereninsuffizienz mittels der Dialyse möglich.

(161) S. 233 WdR // S. 189 DiR

(162) S. 178 DiR // S. 54 R-Syst. // S.171 WdR

(163) www.ReikiGreyBook.com → Ressourcen

(164) Wikipedia → Pearl Harbor // Wikipedia → Hawaii

(165) S. 166 WdR

(166) S. 171-175 WdR

(167) www.ReikiGreyBook.com → Tagebücher. Die Reihenfolge der beiden Sätze habe ich für ein besseres Verständnis getauscht.

(168) www.Reiki-Magazin.de → Alle Ausgaben → 01/2018 Seite 22 // www. Reiki-Magazin.de → Stichwortverzeichnis → „T" → Tiere → Reiki als Weihnachtsgeschenk für Tiere in Tierheimen

(169) … dank der Hundetrainerinnen der www.Hundeschule-Mengkofen.de

(170) S. 75 und S. 77 DiR

(171) S. 75 DiR

(172) www.ReikiGreyBook.com → Tagebücher

(173) S. 47 R-Syst.

(174) S. 174 WdR // www.ReikiGreyBook.com → Tagebücher

(175) S. 182 DiR

(176) Zu Interview siehe (102) // Zu Moxa: Die Ärztin Bao Gu, deren Mann Gē Hōng (284–364) war, war eine sehr gute Ärztin. Auf sie geht die Behandlung mit Moxa zurück. Tina und John Chen „Chinesische Pharmakologie II" S. 22 oder über www.Verlag-systemische-Medizin.de/WP-Content/Uploads/2020/06/Chen-beruehmte-Aerzte.PDF

(177) S. 235 R-Komp. zu „Sonderposition"

(178) Interview mit Phyllis Lei Furumoto in den Newsletters August 2015 von www.ProReiki.de

(179) S. 123 „Reiki-Leben - Hawayo Takata" von Fran Brown // „Reiki – Die Geschichte von Hawayo Takata" von Helen Haberly

(180) www.ReikiAssociation.net → Reiki Outreach

(181) Wikipedia → Qigong // Wikipedia → Kung Fu

(182) www.Tier-Akupunktur.info → Historie // www.ATM.de → Therapien → Tierakupunktur // Siehe (146)

(183) Das Buch „Shanghan Zabing Lun": Wikipedia → Traditionelle Chinesische Medizin

(184) Wikipedia → Traditionelle Chinesische Medizin

(185) Wikipedia → Moxibustion // www.SanDiegoWell.com → FAQ → Moxibustion

(186) Wikipedia → Traditionelle Chinesische Medizin

(187) S. 65 DiR

(188) S. 69 DiR

(189) S. 165 WdR

(190) S. 168 WdR // www.ReikiGreyBook.com

(191) www.ReikiGreyBook.com

(192) S. 162 und 173 WdR // www.ReikiGreyBook.com

(193) S. 55 R-Syst. // www.ReikiGreyBook.com

(194) www.ReikiGreyBook.com

(195) www.ReikiGreyBook.com

(196) www.JustinStein.Academia.edu → Research → PDF „Die historische Bedeutung von Mikao Usui" Seite 12

(197) Siehe (196)

(198) Wikipedia → Pazifikkrieg

(199) Wikipedia → Internierung japanischstämmiger Amerikaner // Wikipedia → Konzentrationslager (Historischer Begriff) // Wikipedia → Japanische Amerikaner (Nikkei)

(200) Siehe (199)

(201) Wikipedia → Hawaii

(202) Siehe (199) und (200)

(203) Siehe (199)

(204) S. 166 WdR

(205) S. 174-175 WdR // S. 54 R-Syst.

(206) S. 175 WdR // Sonderheft „Ch. Hayashi" von www.Reki-Magazin.de

(207) Siehe (206)

(208) Siehe (206)

(209) Siehe (206)

(210) S. 55 R-Syst. // S. 166 WdR

(211) S. 55 R-Syst. // S. 166 WdR

(212) S. 55 R-Syst. // S. 171 WdR

(213) S. 165 WdR

(214) S. 169 WdR // www.ReikiGreyBook.com

(215) S. 68 R-Syst.

(216) S. 173-174 WdR

(217) S. 136 WdR // S. 87 DiR // „Modern Reiki Methode" von H. Doi zum Treffen von Kimikoko Koyama und Phyllis Furumoto 1997

(218) Siehe hier im Buch bei den „Bücherempfehlungen"

(219) S. 184 WdR // S. 86 DiR: Mieko Mitsui hatte seit 1984/85 Kontakt zu Fumio Ogawa, einem Mitglied der Usui-Gakkai.

(220) S. 57 Sonderheft „Hawayo Takata" bei www.Reiki-Magazin. de // S. 184 WdR // S. 34 Ausgabe 04/2024 Reiki-Magazin

(221) Buch „Living Reiki" von Fran Brown von 1992.

(222) Arjava F. Petter hörte 1994 von dem Gedenkstein - s. Buch „Das ist Reiki"

(223) www.Reikigreybook.com → Über uns → Das Team // www.Reiki-Magazin. de Ausgabe 03/2010 S. 23 // Zu Joyce, der Ehefrau von Phyllis Furumoto: Sie heirateten 2014, Joyce ist Bau-Schreinerin und Reikilehrerin - www. UsuiShikiryohoReiki.com → OMG → Members of the OMG

(224) Siehe (223) und (225)

(225) www.ReikiGreyBook.com → Lesen Sie das graue Buch

(226) www.ReikiGreyBook.com → Ressourcen → Das „Graue Buch" und die Reikigeschichte // www.Reiki-Magazin.de Ausgabe 4/2022 Seite 7

(227) www.ReikiGreyBook.com → Ressourcen → Das Geheimnis der spirituellen Linie

(228) www.ReikiGreyBook.com → Ressourcen → Das „Graue Buch" und die Reikigeschichte

DANK

Mein großer Dank gilt den vielen wunderbaren Tieren und Menschen,
die ich in meinen über dreißig Jahren mit Reiki kennenlernen durfte.

Ihr wart mir immer Anlass und Ansporn
für mein Behandeln, Unterrichten und Schreiben.